大樂文化

大樂文化

如何從股債賺一億？

每年只要60分鐘檢視，就能輕鬆獲利的懶人投資法！

The 3% Signal:
The Investing Technique
That Will Change Your Life

傑森・凱利（Jason Kelly）◎著
周詩婷◎譯

CONTENTS

前　言　實證顯示，我的懶人投資法年年賺超過 12.6%　　*007*

績效計算說明　*011*

第 1 章

不必買在最低、
賣在最高，也能賺 1 億　*015*

1-1 投資要聰明賺錢，該如何選擇適合自己的方法？　*016*

1-2 媒體與專家總是馬後炮，你真的能賺到錢嗎？　*020*

1-3 不如學會依據 3% 訊號線交易，每年穩定獲利 12.6%　*028*

1-4 只要每季鎖定 3% 的績效目標，風險低又能超越大盤　*033*

第 2 章

事實證明，
操作股債組合比飆股還要賺　*043*

2-1 鎖定小型股基金，掌握低成本、高獲利的優勢　*044*

2-2 設置 2 成比例的債券基金，發揮安全閥機能　*049*

2-3 實例證明：比起大型股 ETF，小型股 ETF 會賺更多　*054*

2-4 實例證明：操作潛力飆股，獲利不如用 3% 訊號線　*066*

2-5 為何 3% 訊號投資術能完勝定期定額法？　*078*

2-6 我不怕股市暴跌！因為遵守「跌 30% 不出場」原則　*088*

2-7 3% 訊號投資術還可以應用在個股，以及……　*097*

第 3 章

5 步驟教你控制風險，讓獲利穩健成長 *117*

3-1 慢慢搬錢，為理智與情緒提供最佳賺錢方案　*118*

3-2 債券餘額不只保護投資組合，更扮演靈活角色　*121*

3-3 開設「底部購買帳戶」，在股市觸底時逆勢操作　*135*

3-4 依照年齡與收入調整股債比例，使獲利更穩健　*141*

3-5 啟動自動投資機制，讓你對股市起伏冷靜若定　*144*

3-6 重要的 5 個步驟，每一季只須執行一次　*147*

CONTENTS

第 4 章

比較 3 種投資法，
為何我的在 50 季後獲利最高？ *157*

4-1 3 種類型的投資人，展開 50 季績效競賽 *158*

4-2 第 1 年：911 恐怖攻擊，導致股市重創 *170*

4-3 第 2 年：苦苦等待，為什麼反彈還不來？ *179*

4-4 第 3 至 7 年：股市進入多頭，股民開心數鈔票 *185*

4-5 第 8 至 9 年：金融海嘯席捲全球，股價應聲崩跌 *201*

4-6 第 10 至 13 年：世事難料，強者以不變應萬變 *214*

4-7 為何不論股市漲跌，馬克都能穩定創造高績效？ *233*

結　語　消除情緒干擾，輕鬆投資不再只是夢想 *247*

謝　辭　3%訊號投資術的問世，歸功於專業智慧 *249*

附　錄　掌握這些資訊，運用 3%訊號線會更順利 *253*

獻給母親

我在她的幫助下，踏上研究股票之路。

前言

實證顯示，我的懶人投資法年年賺超過12.6%

　　我根據20年的調查研究撰寫本書，想找出更好的投資方法，讓一般人能在股市獲利。我希望讓一般人不再受到市場權威不靠譜的建議所干擾，可以遠離為生活帶來壓力的投資錯誤，並且知道如何避免為績效不佳付出過多學費。

　　回想很久以前有一天，我發現我的母親茫然地坐著，被一大堆股市評論給搞糊塗了。她把其中一份報告推到我面前，無奈地說：「我從頭到尾都搞不懂這個玩意。你覺得呢？」

　　我後來發現，「從頭到尾」這個說法真是恰當，因為股市建議總有一半是錯的。我母親搞不懂她面前這些評論，我認為寫這些評論的人自己也搞不懂，因為他們全都是在猜測。

　　因此，我展開20年的調查研究，不僅讀遍相關主題的每一本書，訂閱電子報，和許多備受讚揚的專業經理人談過，而且撰寫書籍和文章，上媒體節目。

　　我的研究顯示，投資業界的某些環節與某個巧妙系統有

關，這個系統是設計用來把投資人帳戶裡的資金，連哄帶騙地轉進這些投資公司與顧問的帳戶裡。它的運作方式像是誘使投資大眾，追蹤變幻莫測的選股邏輯與入場時機，即使明知會失敗。它提出看似複雜精深的投資選項，而非讓投資人自己做決定，但是那些投資選項的績效比非託管的基金還差，卻收費過高。

　　許多所謂的專家不想讓你知道，價格的重要性勝過一切。然而，想法沒有價值，意見使人分心。重要的只有投資標的的價格，無論價格是低於某個水準，表示是買進的好時機，或者是高於某個水準，表示是賣出的好時機。

　　我們不需要專家也可以知道這個水準，並且自己監測價格，然後根據水準與價格採取適當行動。我們還可以把自己對價格的反應加以自動化，這樣做更好，因為這純粹是算數而已。

　　這就是3％訊號投資術的特質。本書把3％設定為固定不變的績效線，每季檢視一次，當股價跌到這條線之下就買進，漲到這條線之上就賣出。這個簡單方法運用常見的股市指標，就能夠打敗大盤。

採取正確行動，滿足情緒與投資組合的需求

　　3％訊號投資術（簡稱3％訊號術）的績效超越大盤，以及大部分的專家。本書將證明，你只要每年4次、每次花15

分鐘驗算並交易一次，就能每年賺超過12.6％，人生再也不用浪費時間，在喋喋不休卻一無是處的股市話題上。

　　3％訊號投資術不像大多數的投資方法，它承認人有情緒面，在看見消息時會想要採取行動。為了滿足這樣的衝動，這個投資術將告訴你，如何以完美步調採取正確行動，讓你不會太常跳進去製造混亂，也不會離得太遠而覺得自己什麼都沒做。你將看到只要頻率足以讓自己的財務保持在正軌上，每件事都很順利。3％訊號術讓你遠離市場，又滿足情緒與投資組合的需求。

　　在本書中，我將先說明，直覺怎樣帶領人們偏離正確的道路，以及許多假專家怎樣利用這個弱點捕食獵物。你將會體認到大盤是一個零效度意見的環境（zero-validity environment），我把股市權威提供的意見、指引的方向，簡稱為「零效度意見」。

　　接下來，書中將簡單說明3％訊號投資術。你只需要一檔股票基金、一檔債券基金及一條訊號線，而且只要每一季檢查基金的成長是低於、符合或高於目標，再把股票基金與債券基金裡的資金挪往正確方向即可。如此一來，你可以運用未受干擾的明確價格，忽視任何零效度意見的干擾，自動地在這條主線下買進與賣出。

　　然後，本書將詳盡探討3％訊號投資術的各個環節，讓你知道哪些類型的基金是理想的？為什麼安排每季檢視一次的效果最佳？如何管理現金的投入？當股票基金與債券基金

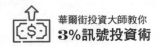

偶爾失衡時,該如何處理?以及何時該執行特別的「不出場」規則,以便維持滿手股票,等待崩盤後的反彈。而且,你會看到3%訊號術在任何帳戶都有效,就連在401(k)帳戶也一樣。

除此之外,你將看到在現實生活裡,在同一時期中,其他的投資術如何拼湊出你所學過的一切。

你準備好了嗎?請和我一起展開這趟輕鬆投資獲利的旅程吧。

績效計算說明

　　過去股市與基金的歷史價格變動，是因為股票分割與股票股利。本書展示的諸多股價，都在2013年秋季期間做過調整。如果你核對本書投資標的的歷史價格，會發現許多價格有所出入。請放心，這不會改變歷史績效，某個投資標的在2005年漲了20％，就還是20％，無論計算價格用的是2005年、2013年或是未來的某一年。

　　本書的主要時間是從2001年初至2013年中，橫跨50個季度。我以2000年12月的收盤價做為初始買點，而週期通常是指從2000年12月至2013年6月。

　　或許有些人對此感到困惑，因為他們想知道這段時間是否包含2000年。其實我只是為了整齊畫一，用2000年12月的收盤價做為2001年第一季的起始價格，如此一來，到了2013年第2季結束時，恰好是50季，也就是12.5年的時間框架。

　　其中只有一個例外，那就是快驗保（Medifast）的股價表，因為2000年12月的收盤價在這個範例中至關重要，所以股價是從2001年第一季開始計算，整個計算期間同樣設定為50季。

　　最後，3％訊號投資術會提出同時買賣兩種基金的交易指示。在現實生活裡，交易不會恰好同時發生，但因為下單

快速,日期可能相當接近。本書計算過去績效,都是根據週期的收盤價,而真實績效或許有些差異,因為下單時的成交價與收盤價之間有著些微價差,但不會相差太多。

　　你運用3%訊號投資術所獲得的績效,基本上會與本書顯示的一樣。

NOTE

第 1 章

不必買在最低、
賣在最高，也能賺1億

1-1

投資要聰明賺錢，該如何選擇適合自己的方法？

　　或許你聽到有人說，將存款投入股市，錢會越來越多，似乎有些專家掛保證，可以平均每年成長10%，這代表每過7年，存款就會翻倍。而且，如果你肯花心思又比別人聰明，甚至能獲利更多。

　　在你把錢投入股市後的頭幾年，情況頗為順利，但股市開始下跌。頭條新聞宣稱經濟陷入衰退、失業率上升。這時候，你讀到聯邦準備系統（Federal Reserve System，FRS，簡稱聯準會）旗下的聯邦公開市場委員會的決議內容。專家們都說經濟衰退在意料之中，電視上某個專家表示：「聰明錢（smart money）正在退場。」

　　你當然是精明的投資人，但這時很可能還沒退場。你身陷賭局，眼睜睜看著血汗錢天天在虧損，直覺告訴你得跟著專家趕快退場。當你把所有的投資都轉成現金，心情舒坦多了，想著只要別再賠錢就好。「等到價格更低，我會再進場。」你計算一下，覺得從整體來看20%的虧損還不算太

糟，遲早會賺回來。

　　但是，消息面持續惡化。你讀的每一篇文章，都以圖表分析某家公司的裁員情況，關於聯準會祭出的所有措施，你聽都沒聽過，而且經濟局勢令人擔憂。壞消息讓你感到有點得意，因為你早已退場，但你想買回的基金與股票都是價格不斷上揚。等到經濟看似穩定下來，基金與股票的價格已反彈到比衰退之前還高。你不僅沒有在反彈中賺回虧損的20％，還得決定要不要用更高的價格進場。

　　這令你痛苦煎熬，誰願意用高價買回當初低價賣出的東西呢？然後3個月、6個月、9個月過去，價格比起你決定不買時又更高了。專家們在電視上說：「股價持續上揚，是因為沒有令人擔憂的因素，聰明錢全部進場了。」

　　但是，你已經斷然出場，也錯失獲利機會。專家們說現在還來得及，雖然低價已遠去，不過就長期趨勢來看還早得很。有個電視名嘴說，這就像打棒球，現在只打到第三局。你心想這有道理，於是買回先前賠掉20％的投資標的。

⑤ 專家的分析在未來不一定管用

　　接下來，消息持續看好，價格上揚好一陣子，但隨後反轉下跌，即便新聞仍一片樂觀。等到消息再度轉為悲觀，價格更是直直落。在你知道以前，你的投資標的在這次衰退中又賠掉20％，市場充斥著壞消息，而同一批專家透露，出場

的顯然是聰明錢。但他們到底是誰？（其實聰明錢不存在，而是財經媒體虛構的。）

你可能得出結論：在消息看壞時買進，在消息看好時賣出。這個想法很棒也很明智，但你得先問自己，什麼構成足夠的壞消息？是一則嚇人的頭條新聞，還是十則呢？一週的壞消息夠嗎？還是一個月或一年？當然，伴隨壞消息逢低買進很合理，但沒人知道消息多壞才是最理想的買進時機。

投資老手可能會指著曲折的股價線圖，回應你：「哪一個低點啊？」這跟知道要有多少好消息才是賣點一樣困難。市場的底部與頭部同樣難以分辨，而每個難以分辨的時刻出現，都為投資人提供一個撒大錢的機會。

看到上述那些尷尬的情況會讓人想笑，但已有數不清的投資人走過這條路，投資業界引誘他們來來回回、重蹈覆轍。回頭看時，這整個過程顯然毫無幫助，但在發生的過程中卻看不清楚。股市高低起伏，永無止盡。

講到錢，我們都很容易受傷，賠錢時沮喪低落，獲利時欣喜若狂，但我們選擇的進出場時機都很糟。對金融市場裡的大多數人來說，這一切組合起來是一帖有害的藥方，但仍有上百萬人參與市場，彷彿這是他們買得起大房子、送孩子上大學，或是將來能安逸退休的唯一道路。

本書建立一種投資術，讓你不必拿捏市場時機，就可以使存款可靠地成長。大多數學會這件事的投資人，都曾在股市繳了高昂的學費，但是你不必。

能做到「逢低買進、逢高賣出、絕不失敗」的人，是個虛構的角色，我們姑且叫他「事後諸葛」（Peter Perfect）。他的影響力遍及整個投資界，害得無辜大眾喪失財富。為什麼？因為他們總覺得應該努力趕上「事後諸葛」的績效，否則會失敗。於是，他們追逐著不切實際的獲利目標，最終賠上家當，失去財富。這就像模仿小仙女（Tinker Bell）的人認為自己可以飛起來，而跳下懸崖丟掉性命。

你的投資之旅會讓口袋變深還是變淺，取決於你知道哪些投資方法無效。這將迫使你檢視自己的本性。投資人多半頭腦聰明、生活順遂，往往認為自己只要勤奮工作、用功讀書、不隨波逐流，在股市也會行得通、吃得開。但事實並非如此，因為股市缺乏規則、規律，無法藉由經驗累積來提升直覺反應。

想在股市成功，必須接受「無人能知曉未來」。因此，你的投資手法能贏，是因為你回應市場而不是預測市場。接下來，我將告訴你為什麼我們需要這個技巧。

1-2

媒體與專家總是馬後炮，你真的能賺到錢嗎？

現在介紹一下「事後諸葛」，就是他讓股市預測與抓進出場時機，變得很難得出合理結論。當我們觀察股市歷史線圖、注意它的高低點時，事後諸葛是魔鬼的聲音，他說：**「如果你賣在高點，然後買在低點，接著又賣在下次的高點，買在下次的低點，是不是美呆了呢？」**換句話說，花點時間想像神準的感覺，以事後諸葛達成績效的方式來獲利。

人們經常高估自己的能力

事後諸葛逮住人類的偏見，他知道我們會以後見之明審視高低點，並思考當時我們知道什麼，現在又知道什麼。他很清楚我們對於犯錯有多健忘，對於成功的記性又有多好，也清楚我們經常高估自己的能力。

事後諸葛可能會問：「難道你沒看出跡象，當標普500指數來到高點，會有拉回的隱憂嗎？我確定你看出來了。通

常你對這類事情的感覺都很準。」

你仔細聆聽並不自覺地點著頭說：「沒錯，事實上，當股市來到高點，我就會越來越緊張，覺得不太踏實，那時就想賣掉了。」

事後諸葛微笑著拍拍你肩膀，大聲說：「你當然會想賣。當時你是對的，下次也必定是對的。」

問題是當時你搞錯了，下一次也可能會判斷失誤。你只是想賣，並沒有真正執行。但是，事後諸葛知道你的記憶裡曾閃過這個念頭，就足以說服你把回憶定格在這裡。他敦促你不斷拿你的實際投資成果，與無聊的大盤指數相比較，暗示你去追求神準的進出場時機。

我們看一下真實的股市歷史線圖，以及事後諸葛如何用歷史線圖來耍花招吧。圖表1-1是標普500指數，從2006年1月至2008年5月的線圖。

事後諸葛召喚的記憶是2006年4月底於1320點賣出，他說：「因為每個人都知道，5月要賣股出場。」該年他的初始投入金額是1萬美元，指數為1250點。賣出後他本金加獲利為10,560美元，4個月獲利5.6％，算是漂亮。

事後諸葛在同年7月初，把10,560美元全數再次投入股市，當時指數為1240點，在指數急跌後承接，因為「市場跌得太深太快了」。然後他抱股直到2007年的高點賣出，接著在急殺的跌勢後買進，因為「指數掉得太快，顯然是市場在釋放因超買而價格暴漲的賣壓」。

圖表1-1　2006年1月至2008年5月的標普500指數，與事後諸葛的虛構交易紀錄

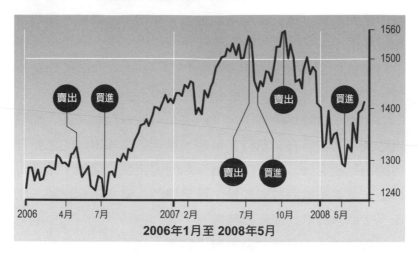

2006年1月至 2008年5月

　　果不其然，不到兩個月，事後諸葛就在2月與3月補回他的帳面虧損。注意這當中牽涉的小問題。我們懷疑真實績效如何，若事後諸葛或任何人在歷史績效報告中有一些小問題，我們會傾向注意進出場的精準程度。

　　事後諸葛繼續邁進。他在2007年7月初賣在1550點，距上回買進約1年後。他的10,560美元獲利25％，來到13,200美元，這是多夢幻的年報酬率！更神奇的是，月底他把這13,200美元全部投入股市，這時指數跌到1440點，只因為他認為：「短時間內指數下殺過快，一定會跌深反彈。」

　　指數確實反彈了，沒過幾個月，事後諸葛又認為股市

「有點過熱」，於是在10月初的1560點鎖住利潤、賣出持股，此時他的13,200美元在短短兩個月內獲利8.3％，來到14,300美元。

之後，當股市在2008年幾度如瀑布般下挫，事後諸葛和其他所有的聰明錢毫無風險地在局外觀望。事後諸葛在11月與1月錯過幾波上漲，他聳肩無奈地說：沒有人每次都贏。」你發現事後諸葛選擇在第3個低點買進，結果他是對的。2008年3月1290點時，事後諸葛把14,300美元投入股市，馬上獲利9.3％，變成15,630美元，當時股市是1410點，時間是2008年5月初。

事後諸葛在28個月內只進出場6次，就坐擁15,630美元。這6次都相當明顯是進出的好時機，你看線圖就明白，誰看不出這些高低點呢？他抓得準，你也做得到。

事後諸葛或許會說，那些搞不清楚狀況的蠢蛋若投資平淡無聊的指數，一樣在2006年投入1萬美元本金，最後只會拿到11,280美元，獲利只有12.8％，但他自己拿到15,630美元，獲利56.3％。事後諸葛狡猾地說，若自己再抓到一些小波段，本來可以獲利更高。他說「至少我抓到大波段」，那倒是真的。

(S) 事後諸葛號稱評論大師，無處不在

這就是事後諸葛的操作方式，以及他會跟你說的話。在

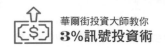

現實生活中，他可能是無所不知的親戚、當會計的朋友，或是在你付酒錢時假裝找錢包的保齡球隊友，或是媒體報導中一位走運的傢伙。

最重要的是，事後諸葛會席捲每個財經媒體，是其議題的理想夥伴，在多頭激起貪婪的火焰，在空頭燃起恐懼。幾乎每則股市報導中都會夾帶這行字：你不希望在獲利的局勢裡占據更好的位置嗎？答案永遠是肯定的。

事實上，**沒人達到事後諸葛的神準程度，只有後見之明的錯覺**。因此，他穿著幸運西裝出現在專題報導中，被形容成**勇敢、大膽與預知未來**。但這些一點也不實用，因為追隨者沒有事後諸葛的好運。

比方說，2013年5月2日《華爾街日報》刊載的〈理財垮世代〉（*MoneyBeat*）文章，把某人譽為解盤大師。我們檢視一下這位事後諸葛在文章中的預測：

一位勇於冒險的解盤高手判斷高點已經到來……說現在是高點是需要膽識的，特別是在當前的市場環境下。標普500指數已經連漲6個月，是2009年9月以來最久的一次多頭，而且過去17個月當中有14個月收漲……根據這位（事後諸葛）的說法，「這些指標已提供足夠的說服力，說明高點已經來到」。

也就是說，在這6個月的漲幅中，事後諸葛對市場判斷

正確？錯了，我們只看到在「市場長期硬幣投出正面」時，他因為大聲疾呼多頭已至「尾聲」而獲得美譽。

在2013年2月中旬，距離事後諸葛說股市已達頂點約2個月半後，他告訴客戶「對標普500指數3至6個月內的展望為中立」，並提到目前有86％的比率認為後勢看漲，是相信最大漲幅已經來到的主要理由。在這份看空短評與先前《華爾街日報》的看空短評之間的11週，標普500指數上漲5％。

2月事後諸葛說這是「尾聲」，結果錯了。5月他再次喊話說這是「尾聲」，無疑他會一直說這波漲勢是「尾聲」，直到尾聲真的到來，然後宣稱自己有多麼準。其他公眾人物也上演類似的戲碼，分析師也同樣在丟銅板。當然，有些人會一路猜對，因為準確率有50％，於是備受媒體愛戴。

這些人總會有猜對的一天，並說服自己與其餘未加入賭局的人，只要一直呼籲這是「尾聲」，直到真的發生即可。6個月後，在5月2日標普500指數又攀升11％且繼續飆漲時，事後諸葛再次奮勇疾呼這就是高點了。但1年後，指數又上漲18％，而且繼續走高。

除了娛樂價值之外，這裡凸顯的重點是，絕不能用這些猜謎遊戲來管理我們的資金。財經媒體藉由搞這些預測來製造刺激，引誘你跳進來試身手。請記住，現實中不存在事後諸葛這般完美的操作紀錄，因為幾乎所有的資金管理專家都輸給市場。當你看到分析師、解盤高手、大師，或其他股市專家的頭銜，務必以「丟銅板的人」來代換，並牢記股市最

重要的關鍵字：50％。

但是，事後諸葛會繼續誘惑你進出股市，追求美好的利潤，慫恿你再試一次、走進另一個精準擇時的圈套。相形之下，在股市的不確定性當中，執行3％訊號投資術不僅會有高度的滿足感，而且務實投資成果還會優於市場。

⑤ 股市吸引自負的聰明人

股市吸引聰明人，他們天生就是自負。這些人在學校、職場及日常生活中總是贏家，不習慣平庸的成果，在股市裡當然自命不凡。其實「我們」也是如此，你我對自身成就感到自豪，對自身能力充滿自信。我們覺得自己的股市表現能優於平均值，只要有足夠的接觸與練習，甚至能打敗市場。

人類面對困難的本性愚弄了我們，讓我們自以為可以預測股市。老實說，預測股票下個月會漲，就像預測明年降下初雪的日期，可信度都很低。這些預測的成功率各不相同，但全都無法確定。我們在預測天氣時感受到不確定性，卻很願意忽視股市預測的不確定性？這大概是因為猜測偽裝成研究報告，欺騙了我們。如果有人在厚厚一疊圖文並茂的報告中，說明在未來的哪一天將下雪，我們或許會相信他，但這終究不是在預測，只是在亂猜。

有些人非常努力提升自己的投資功力與績效，直到晚年才發現錯過多少踏青、聚會、特別晚餐、畢業典禮、婚禮與

各種寶貴時刻，將時間和心力花在零效度的股市漩渦裡。而且，壓力會令人心力交瘁。在誤判走勢時，可能會失望到想挖個洞躲起來，更糟的是，不確定該如何彌補錯誤，才不會讓困境雪上加霜。

　　想像一下，當你週日與家人四處蹓躂時，照理應享受天氣、風景和閒話家常，但你想著下週的股市開盤，滿心掛念股價何時會止跌或停漲？其實，你不必再為這些壓力喘不過氣，3％訊號投資術將提供一條康莊大道。

1-3

不如學會依據3%訊號線交易，每年穩定穫利12.6%

　　學會運用3%訊號投資術（簡稱3%訊號術），將不必理會零效度意見，一年只要操作4次，而且已經證實能穩健獲利。

　　首先簡要說明3%訊號投資術的原理，接著探討價格波動，這是3%訊號術子彈背後的火藥。股價只會有三種走勢：上漲、下跌或盤整，股價以自己的步調在這三種方向之間轉換前進。

　　面對這種不可預期的波動要想獲利，大家都知道應該低買高賣。若我們建立自動化投資機制，連隨機的價格變動也可以為我們所用，而不是逆向操作。就像隨機丟銅板，即使無法預知銅板丟出來會是哪一面，但是結果出現時，我們知道該怎麼應對。

　　根據這樣的觀念，**波動是美好的**，我們需要價格變動才**能從中獲利**。如果價格不變，把錢投入股市就像丟進沒有利息的銀行帳戶。然而，當我們看到預兆的力量造成賠錢，最

終買高賣低時，波動也可能變得凶險。如果運用3％訊號術，我們可以理性回應波動，在價格變動裡低買高賣。

(S) 3％訊號術基本款，有6個基本要素

3％訊號術有6個構成要素，以下先簡單說明，讓你知道我們將前往何方，之後會讓你更加理解，為何這個投資術有效且實用。這6個構成要素是：

- 在有薪資收入的期間，把大部分資金放在成長型投資工具。
- 退休後，把小部分資金放在安全型投資工具。
- 在成長型與安全型投資工具之間，設定資金配置的目標。
- 當資金配置達標，安全型投資工具必須「再平衡」（譯註：將價值增加的商品賣出，轉入價值減少的商品，讓整體投資組合的價值比率，與原先設定的相同），回到原先的目標。
- 選擇成長訊號的時機。
- 選擇成長目標。

然而，這些要素的界定是有彈性的。例如：成長型投資工具可以是大型企業股票基金，或是投資於低價股的篩選式

股票基金（screened stock fund）。安全型投資工具可以是貨幣市場基金、債券基金，或是其他任何波動沒那麼大的投資標的。

關於資金配置，可以設定成長型與安全型投資工具各半，或是為了成長性或安全性而調整比率。若兩者的比率是20：80，這樣很安全，但資金不會成長太多。若兩者的比率是80：20，將極具成長性，但波動會跟著變大。

關於選擇時機，為了成長目標，你可以具體指定調整股票基金的頻率：每月、每季、每年或其他頻率，而且成長目標由你自己設定，可以每月2%、每季4%還是每年11%。

稍後將探討這些構成要素不同的排列組合。有一個預設的不敗的組合，就是3%訊號投資術的「基本款」。它對每個人受雇期間的大部分時候都有效，當我說到3%訊號術時，就是指基本款，其構成要素是：

- 用一檔小型企業股票基金做為成長型投資工具。
- 用一檔債券基金做為安全型投資工具。
- 資金配置是成長型80%、安全型20%。
- 當債券部位資金來到30%，就觸發再平衡機制，讓資金回到80：20。
- 每季確認一次。
- 成長目標是每季3%。

在每季季末，檢查股票基金的帳戶餘額，如果成長3％，什麼都不必動。如果超過3％，把多出來的部分賣掉獲利，將錢轉進債券基金。如果低於3％，把債券基金的錢轉進股票基金，直到這季成長達到3％為止。如此一來，你將穩定地從價格波動當中提取利潤。

想像這條3％訊號線在線圖裡往右方上升。每一季結束時，你的股票基金帳戶結餘，不是在這條訊號線的上方就是下方。你可以在這兩者之間畫上陰影，深灰色是訊號線之上的獲利盈餘，淺灰色是訊號線之下的獲利缺口。你每一季要執行的是賣出獲利盈餘或補足獲利缺口，讓股票餘額完美地回到訊號線上，情況看起來如同圖表1-2。

圖表1-2 沿著3％訊號線，賣出盈餘與補足缺口

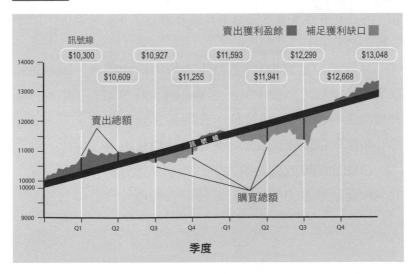

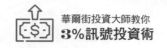

　　3％訊號術能打敗大盤，靠的是排除雜訊，你不需要也不會想要任何人的投資意見。這個方法是回應確實發生的事，而非嘗試預測可能發生的事，唯一需要注意的是每季的收盤價。這個方法獲取的報酬率比誤信所謂專家還要好，讓你能夠鎖住3％的成長率，輕鬆又沒壓力。這個投資術可以成為你財務上的自動化環節。

　　接下來，審視3％訊號投資術的構成要素，加上兩個可提高績效的規則：一是「跌30％不出場」規則，讓你維持滿手的股票，等待崩盤後的反彈；二是運用「底部購買帳戶」，在股票跌價大拋售時，為買進訊號提供資金。

　　想實施3％訊號術，只需要兩檔便宜的指數型基金：一檔股票基金，一檔債券基金。這表示你在哪裡都能運用這個投資術，例如：401（k）帳戶、個人退休帳戶（IRA，譯註：一種投資自負盈虧、但具稅務優勢的退休金帳戶），或是一般的券商帳戶。

　　退休帳戶是實施3％訊號投資術的最佳所在，因為這可以讓你追求賣出訊號，又不必擔心課稅吃掉獲利。把退休與其他目標轉換成3％訊號術，你將不必為了大盤上上下下而提心吊膽，還能降低成本，大幅提升投資績效。

　　請就此向零效度的擾人資訊與毫無頭緒的焦慮說再見，立刻啟動摒棄臆測、一年只打擾四天的理性投資術吧。

1-4

只要每季鎖定3％的績效目標，風險低又能超越大盤

　　我們對股市的預測都很拙劣，若實行自動化低買高賣的投資術，可以等到價格發生再回應，而避開這種缺失。接下來，透過設定績效目標，來判定市場現在是高點或低點。由於市場永遠都在變動，因此我們需要一條訊號線讓變動有脈絡可循，當市場漲幅超過這條線就賣出，當情況相反時則買進。

　　我將解釋為什麼每季3％是正確的績效目標，以及如何承受較少風險，績效卻能打敗其他投資手法。

　　應該期待從股市裡獲利多少？基本上每個人都想賺大錢，像是本金翻倍，甚至買到成長10倍的十壘安打股（譯註：「史上最傳奇的基金經理人」彼得・林區在其著作中表示，他靠著能揮出十壘安打的股票，讓掌管的基金年均報酬率高達95％）。

　　奇蹟般的獲利偶爾會發生，但不可靠，而且這通常與投入的資金是否夠多有關。當某人宣稱賺了兩倍，我們該問的

是：「你賺了多少錢？」

我們需要可靠的目標，能經年累月一再達成。想知道市場一貫的績效如何，最好的辦法是看歷史資料。股海裡什麼都有，有地雷股、十壘安打股，以及各種無數變化。但是，這片股海是怎麼流動呢？

大盤每年的名目績效大約是10%

對股市的長期研究顯示，過去90年來，每年的績效大約10%，這是「名目報酬率」。調整通膨後的績效稱為「實質報酬率」，大約是6.8%。大型企業的報酬率會比中小型企業低，不過10%的名目報酬率是個不錯的近似值，而且好記。

但是，市場的成長不像年化報酬率那樣看起來平順。股市從1926年開始的滾動10年報酬率（譯註：滾動報酬率是指把配息或獲利再投入本金的報酬率），其波動範圍從5%至20%，如同圖表1-3所顯示。

簡單地說，我們以10%當做股市每年成長的基準，然後用3%訊號投資術加以提升。

為什麼設定每一季3%的獲利線？

為什麼是每季3%？為什麼不是每月1%、1年12%，或

圖表1-3　以10%當做股市每年成長的基準

從1935至2012年，美國股市滾動10年的幾何年化收益率

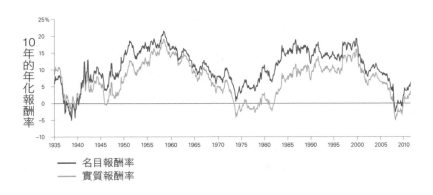

── 名目報酬率
── 實質報酬率

總計：1926年1月至2012年6月

	名目報酬率	實質報酬率
幾何年化收益率	10.0%	6.8%
算數年化收益率	12.0%	8.8%
波動率	19.3%	19.4%

（經先鋒集團許可使用）

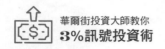

是其他數值目標？接下來看看箇中原因。

我們的投資目標是打敗市場，但問題是要贏多少？假設市場的每年報酬率是10％，那麼努力目標是10.1％、12％、15％、20％，還是更高呢？

由於想要持續達標，因此目標必須合理。當績效穩定打敗大盤時，即使超越的幅度只有一點點，但隨著時間過去，會因為複利效果而創造出極大優勢，請看圖表1-4。

圖表1-4　1萬美元依照不同獲利率的成長

年化獲利率（％）	5年後（美元）	15年後（美元）	25年後（美元）
8	14,693	31,722	64,485
10	16,105	41,772	108,347
12	17,623	54,736	170,001
14	19,254	71,379	264,619

雖然年化獲利率只差2％，但在每個時間框架的帳面餘額產生的影響卻很大。以1萬美元來說，若年化獲利率10％，25年後變成108,347美元，若年化獲利率12％，25年後變成170,001美元，兩者相差61,654美元。即便時間是5年，獲利率10％與12％的結果也相差1,518美元。

就絕大多數人的投資風格而言，越是渴望高報酬，隱含的風險也越高，例如：政府債券的本利償還受到擔保，但殖

利率低；相對地，投資新創的股票風險高，但這家公司可能成為下個主力，也可能消失不見。因此，你的資金將帶來兩種可能：一支十壘安打或是賠掉90％。

　　如果實行本書的方法，渴望高報酬將驅使你頻繁地為投資計畫投入資金，因為達標的可能性較低。若你的目標是每月10％，因為市場很少一個月漲10％，你很可能每月都要為了彌補差額而投入新的現金。相反地，如果目標是每季1％，你幾乎每季都會達標，可能永遠都不必補錢，但財富也不會大幅成長。

　　3％訊號投資術設定的獲利率是每季3％，因此會產生每年12.6％的績效，比市場過去90年的年化報酬率10％多了26％。如果長期投資，獲利將更加豐厚，就像你在圖表1-4看見的情況。

　　下面圖表1-5是在相同的時間框架中，年化報酬率10％與12.6％的比較。

圖表1-5　年化報酬率10％與12.6％的比較

年化獲利率（％）	5年後（美元）	15年後（美元）	25年後（美元）
10	16,105	41,772	108,347
12.6	18,101	59,303	194,294

　　這清楚顯示，績效2.6％帶來的獲利金額會高出市場許多。

事實上，我發現每季3％是風險與報酬的甜蜜點。既沒有高到需要很努力才能達標，也沒低到覺得勉強打敗市場。這可說是提供了高於大盤指數的合理報酬，而且在長期投資下還能大幅提升獲利。

我要強調，每季3％不是隨意挑選的目標，小型企業股是運用3％訊號投資術的最佳對象。在後面的所有範例裡，將以iShares核心標普小型股指數ETF（iShares Core S&P Small-Cap, IJR）實行3％訊號術。

圖表1-6顯示，在2000年12月至2013年6月、總共50季的時間框架裡，當活用3％訊號投資術時，不同的季度成長目標會產生什麼樣的結果。初始配置是8千美元放在核心標普小型股ETF，2千美元放在現金部位，而「投入的額外現金」則是要求投入更多現金，來維持投資術的運作。

從圖表1-6可以看出，當渴望的成長率越高，需要投入額外現金的頻率就越高。雖然把每季成長目標提得更高，最終總餘額會更高，但需要投入更多現金來維持運作。若每季成長目標高於3％，投入額外現金的訊號將頻繁出現。你也可以將季度成長率訂為50％，而最終需要投入的額外現金差不多就是最終總餘額的全部。

其實，只要比較季度成長率3％與5％就會知道，報酬率目標設得越高，就越仰賴現金。為了讓3％的最終餘額翻倍，從49,212美元變成101,220美元，你必須多投入3倍的現金，從12,241美元變成37,535美元。這種對賺錢效率的侵

圖表1-6　季度成長率從1%～6%的結果

於2000年12月至2013年6月運用3%法的結果	初始帳戶金額（美元）	所需投入的額外現金（美元）	最終帳戶現金餘額（美元）	最終股市餘額（美元）	最終總餘額（美元）
成長目標每季1%投資核心標普小型股ETF	10,000	0	11,443	13,157	24,600
成長目標每季2%投資核心標普小型股ETF	10,000	4,835	12,912	21,532	34,445
成長目標每季3%投資核心標普小型股ETF	10,000	12,241	14,141	35,071	49,212
成長目標每季4%投資核心標普小型股ETF	10,000	22,494	13,412	56,854	70,266
成長目標每季5%投資核心標普小型股ETF	10,000	37,535	9,481	91,739	101,220
成長目標每季6%投資核心標普小型股ETF	10,000	66,105	6,078	147,361	153,439

蝕，會在成長率飆升時繼續存在。

　　每季3％的目標足以清除市場障礙，讓你感到值得努力，但不必投入太多現金，因此它是投入現金與達成獲利之間的甜蜜點。

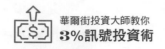

執行摘要 /01

　　我們常誤以為，自己的經驗能駕馭錯綜複雜的股市，因此很難掌握進出股市的最好時機。股市的上漲、盤整或下跌，都依照它自身的步調。我們不需要對此預測，只要建立自動化投資機制去低買高賣，就能將市場波動做為實用工具。

　　3%訊號投資術為了達成季度成長率3%的目標，會進行再平衡，讓股票部位回到目標，方法是活用安全部位的資金，賣出股票獲利盈餘或是補足股票獲利缺口。

- 波動正是機會，高低點之間的震盪是股市的自然潮汐，其重要性只存在於已發生的股價，而非即將發生的價格。
- 價格波動越大，只會讓自動化低買高賣的方法獲利更多。這就是為什麼用3%訊號術投資波動活潑的指數，而不會破產的理由。
- 機械式的低買高賣，有助於隨著價格線的波動起伏來調配資金，讓績效比原始線圖更優，這只需要後發式的再平衡。
- 當市場達不到每季3%的績效目標，要賣出債券基金去購買股票基金來達標。當市場表現超過3%時，要賣出股票基金的獲利去回填債券基金。
- 每季一次的確認能降低進出場次數，同時讓獲利極大化。頻率高於每季一次只會買賣更多，但不會賺更多。

- 3%訊號術運用SPDR標普500指數ETF，績效輕易就能贏過定期定額與買進後持有。
- 3%訊號術在趨勢中引導我們，當市場漲到某個水準就該獲利了結，當市場跌到某個水準就該投入額外現金。
- 在投資方案中維持安全的債券部位，能協助你安然度過股災。
- 實行3%訊號術，銀彈可能消耗殆盡，因為買進訊號要我們繼續持有、等待反彈，所以建議事先存些錢，免得錯過絕佳買進時機。

The 3% Signal

第 2 章

事實證明，操作股債
組合比飆股還要賺

2-1

鎖定小型股基金，掌握低成本、高獲利的優勢

　　一般而言，大多數投資人都輸給大盤，但自動化地低買高賣會提升投資績效。然後你發現，3％訊號投資術能告訴你每季該買賣多少金額，而且在2001年至2013年波動劇烈的期間，它的績效打敗SPDR標普500指數。接下來，將探討什麼樣的投資工具，能提供打敗SPDR標普500指數的機會？哪一種類股會表現更好呢？

　　和其他的投資產業一樣，我們將持續使用SPDR標普500指數，做為達成績效的參考指標。3％訊號術可以幫我們獲利，不過我們還能再提升它獲勝的幅度，**方法是運用一檔能打敗SPDR標普500指數的指數，結合3％訊號術，就能取得雙重優勢。**

　　相較於都是大型企業的SPDR標普500指數，我們可以運用追蹤小型企業股的指數來增加優勢。企業規模的大小是看「市值」，計算方式是公司在外流通的股數乘以股票市價，而不是指公司有多少員工或廠房。

　　有時候你會看到大型股、中型股與小型股，而企業規模的構成要素會隨著時間改變，取決於獲利成長與股價波動，不過大致可以這樣區分：一般大型股的市值約為6百億美元、中型股約為50億美元，而小型股則約為10億美元。

　　圖表2-1比較ETF追蹤不同指數的績效。SPDR標普500指數ETF追蹤大型股，而其他指數則追蹤其他標的。從圖表2-1可以看出，截至2013年10月31日為止，這6個指數的幾種年均報酬率的差異。

圖表2-1　ETF當中不同指數的績效

ETF名稱 （代碼）	追蹤的 指數	指數的成 分股類型	1年平均 年報酬率 （％）	3年平均 年報酬率 （％）	5年平均 年報酬率 （％）	10年平均 年報酬率 （％）
SPDR道瓊 工業平均 指數ETF （DIA）	道瓊工業 平均指數	30檔 大型股	21.8	14.6	13.7	7.3
SPDR標準 普爾500指 數ETF （SPY）	標普 500指數	500檔 大型股	27.1	16.5	15.1	7.4
SPDR S&P 中型股400 指數ETF （MDY）	標普400 中型股 指數	400檔 中型股	33.3	17.3	19.4	10.1

ETF名稱（代碼）	追蹤的指數	指數的成分股類型	1年平均年報酬率（％）	3年平均年報酬率（％）	5年平均年報酬率（％）	10年平均年報酬率（％）
iShares核心標普小型股指數ETF（IJR）	標普600小型股指數	600檔小型股	39.4	20.4	18.2	10.5
iShares羅素2000ETF（IWM）	羅素2000指數	2000檔小型股	36.3	17.7	17.2	9.0
Invesco納斯達克100指數ETF（QQQ）	納斯達克100指數	100檔市值最大的納斯達克成分股	29.3	17.9	21.3	9.7

小型股價格波動大，為我們創造獲利

其實，中、小型股指數的績效優於大型股指數，因此打敗SPDR標普500指數最簡單的方法，就是持有標普600小型股、羅素2000或其他的小型股指數。

然而，實行3％訊號投資術時，我們會運用一種績效比較好的指數，讓資金在小型股ETF裡轉進轉出。如此一來，便在一個更好的基礎上，讓提升績效的機制發揮作用。小型股指數本來就領先SPDR標普500指數，再用3％訊號術加持，績效自然會更好。

　　小型股指數能與3％訊號術一起發揮作用，還有一個理由：**小型股指數的波動比大型股指數更大，也就是價格變動更大，而波動正是3％訊號術奏效的理由**。波動是價格在高低之間的移動，讓我們可以用3％訊號術低買高賣，方法是透過比較指數與3％訊號線，然後做出回應。

　　許多ETF和共同基金的追蹤對象都是小型股指數，大多數401（k）和其他退休帳戶也提供多樣的大、中、小型股證券，讓你只要擁有退休基金，都能輕鬆實施3％訊號術。

　　有3檔鎖定小型股的優秀ETF，分別是核心標普小型股ETF、嘉信美國小型股ETF（Schwab U.S. Small-Cap）及先鋒小型股ETF（Vanguard Small-Cap），它們分別追蹤標普600小型股指數、道瓊美國小型股全股市指數（Dow Jones U.S. Small-Cap Total Stock Market Index）及CRSP美國小型股指數（CRSP U.S. Small-Cap Index）。

　　每檔ETF的持有費用都很低廉，費用比率為0.20％或更低，投資組合的周轉率則是20％或更低。周轉率低於20％，代表在大多數的年度裡，這些基金的投資組合有80％沒有變動，使交易成本降到最低。圖表2-2是截至2013年10月31日，上述ETF投資組合與SPDR標普500指數ETF的比較。

　　由此可見，這3檔小型股ETF的績效輕鬆勝過大型股ETF，而這正是3％訊號術設定打敗大盤的衡量基準。

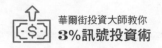

圖表2-2　到2013年10月31日為止，小型股ETF與SPDR
標普500指數ETF的比較

代碼	名稱	起始日期	收益率（％）	費用比率（％）	1年的年均報酬率（％）	3年的年均報酬率（％）	5年的年均報酬率（％）	10年的年均報酬率（％）
IJR	iShares核心標普小型股指數ETF	2000年5月	1.3	0.16	39.4	20.4	18.2	10.5
SCHA	嘉信美國小型股ETF	2009年11月	1.6	0.08	37.9	19.1		
VB	先鋒小型股ETF	2004年1月	1.4	0.10	36.4	18.7	19.6	
SPY	SPDR標普500指數	1993年1月	1.9	0.09	27.1	16.5	15.1	7.4

　　另外，指數型共同基金（index mutual fund）也是一個
選項，它同樣運用指數，費用比率和績效也與ETF差不多。
例如：先鋒小型股指數基金（NAESX）同樣追蹤CRSP美國
小型股指數，等同於先鋒小型股ETF（VB）。

　　3％訊號投資術採用核心標普小型股ETF，因為它是小
型股ETF當中最廣泛流通，而且很便宜。不過，若能取得更
便宜的選項，當然一定要採用。

2-2

設置2成比例的債券基金，發揮安全閥機能

　　3％訊號投資術把資金切成股票與債券兩個部位，在你有薪資等進帳的期間，配置目標是股債比為80:20，當債券部位餘額在投資組合裡占比過高時，偶爾需要再平衡。在你一生中，這個再平衡將在股債比為70:30時觸發。每當你提撥新的現金進入戶頭時，要馬上轉進並放入債券部位，直到3％訊號術每季發出訊號時，再調度給股票部位。

　　3％訊號投資術將部分資金放在債券部位是為了安全，因為債券的波動比股票小得多，而且有時候股票下跌，債券會上漲。 再加上債券穩定配息，帶來令人安心的現金流，對投資績效貢獻良多。把部分資金放在債券部位，可以為3％訊號術的股市買進訊號儲備資金，而且在等待買進時還能賺到不錯的報酬。

　　如果帳戶的安全部位是現金，將無法獲利，而且在股市長期上升期間，整體績效將落後於市場。因此，必須維持20％債券部位的目標。

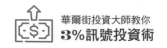

市面上有許多收費低廉的ETF可供選擇。你的目標是執行3％訊號術，80％的資金用於購買最便宜的小型股ETF，以及20％的資金放在最便宜的債券基金。

主要債市包括短期、中期和長期的政府債與公司債，如同圖表2-3所顯示。

圖表2-3 ▶ **債券市場**

整體債券市場					
短期		中期		長期	
政府	公司	政府	公司	政府	公司

除了上述市場的核心組成之外，還有政府國民抵押協會（Government National Mortgage Association，簡稱GNMA或吉利美〔Ginnie Mae〕）發行的政府機構債券（Agency bond），以及常被稱為「垃圾債券」的高收益債券。垃圾債券的風險太高，可以馬上排除，但吉利美債券很適合我們的目標，它與美國國庫券一樣是安全度最高。

接下來，我們比較每個主要債市類別裡的先鋒債券ETF，包括不動產抵押貸款證券市場的ETF，以及1980年6月上市的先鋒吉利美。把先鋒吉利美納入，是因為可以在2000年底開始的50季時間框架裡，搭配運用3％訊號術。

對你來說，實行3％訊號投資術，應該從便宜的ETF選

項當中，挑出一檔合理、更多帳戶都適用的ETF。圖表2-4
是截至2013年10月31日的數據。

先鋒不是唯一提供低成本債券指數基金的公司，但確實
位居龍頭地位。如果其他標的建立起追蹤紀錄，或許也值得
考慮，例如：2011年7月上市、費用比率只有0.05％的嘉信
美國綜合債券（Schwab U.S. Aggregate Bond, SCHZ）。

圖表2-4 ▶ 到2013年10月31日為止，先鋒債券ETF的比較

代碼	名稱	起始日期	收益率（％）	費用比率（％）	1年的年均報酬率（％）	3年的年均報酬率（％）	5年的年均報酬率（％）
BND	先鋒整體債券ETF（Vanguard Total Bond Market）	2007年4月	2.2	0.10	−1.1	2.9	5.9
BSV	先鋒短期債券ETF（Vanguard Short-Term Bond）	2007年4月	1.1	0.11	0.6	1.5	3.7
BIV	先鋒中期債券ETF（Vanguard Intermediate-Term Bond）	2007年4月	2.9	0.11	−1.7	3.9	8.5
BLV	先鋒長期債券ETF（Vanguard Long-Term Bond）	2007年4月	3.9	0.11	−7.3	6.2	10.9

代碼	名稱	起始日期	收益率（％）	費用比率（％）	1年的年均報酬率（％）	3年的年均報酬率（％）	5年的年均報酬率（％）
VMBS	先鋒不動產抵押貸款證券ETF（Vanguard Mortgage-Backed Securities）	2009年4月	1.1	0.12	–0.6	2.3	
VFIIX	先鋒吉利美債券ETF（Vanguard GNMA）	1980年6月	2.4	0.21	–0.8	2.7	5.4

$ 建立債券部位，降低投資的風險

初步的一年期報酬率，反映出債券投資人在2013年對利率上升的憂慮。這種恐懼顯示債券市場的權衡關鍵。長期債券提供較高的收益與強勁的長期績效，但是對利率的波動也較為敏感。

實行3％訊號投資術，目標不是成為債券交易狂，而是運用一檔可靠、低成本的債券基金，來放置資金裡的安全配置。因此，一檔總體債券市場基金（例如先鋒整體債券ETF），或是中期債券基金（例如先鋒中期債券ETF），基本上是最好的選擇。這些債券基金始終績效長青，通常接近其投資標的整體的中間值，而且收費低廉，確實符合3％訊號術對債券基金的期待。

如同圖表2-4顯示，先鋒整體債券ETF只下跌1.1％，這

在股市連打個噴嚏都算不上。此外，債券基金價格的損失可以被穩定的配息抵銷。

舉例來說，在2013年11月初、半年期剛結束時，先鋒整體債券ETF的價格下跌2.1％，但每月配息率大約是每單位0.17美元，因此配息是1美元以上。配息讓先鋒整體債券ETF半年期的價格少賠57％，成為0.9％。

長期來看，配息的重要性會更加明顯。從1976年以來，某些成分廣泛的債券基金組合90％報酬是來自配息，而非價格波動。

本書的歷史範例在債券基金部分選用先鋒吉利美，是因為交易資訊可以回溯到2000年，也就是50季時間框架的起點，而且可以用歷史數據來證明，無論經濟環境如何，3％訊號投資術都行得通。

然而，自2007年4月以來，已經有比先鋒吉利美更便宜的選項，建議你善加運用，選擇最便宜的整體債券指數型基金，或是中期債券指數型基金。

2-3

實例證明：比大型股ETF，小型股ETF會賺更多

　　實行3％訊號投資術時，若用核心標普小型股ETF取代SPDR標普500指數ETF，績效可以領先多少？我們知道前者的波動率更高、長期績效更好，理當能提供優勢，不過這需要確認一下。

　　在2001年1月至2013年6月共50個季度的時間框架裡，實行3％訊號術，把起始金額1萬美元的80％放在核心標普小型股ETF，20％放在先鋒吉利美。

　　我們可以觀察並比較，以小型股取代大型股時，核心標普小型股ETF的績效將領先SPDR標普500指數ETF多少？

　　圖表2-5是核心標普小型股ETF 50季的收盤價。

　　在2000年第4季，核心標普小型股ETF的收盤價是32.34美元，8千美元可以買247個單位。2001年第1季，它配息0.04美元和之前一樣。根據3％訊號線，股票部位餘額應該要從初始的8千美元來到8,240美元。這一季沒有達標，餘額的7,250美元距離目標還有720美元的差額，因此需要買進

圖表2-5　2001年第1季至2013年第2季，核心標普小型股ETF 50季經調整的收盤價

年度	第1季（美元）	第2季（美元）	第3季（美元）	第4季（美元）
2001	30.40	34.18	28.63	34.42
2002	36.89	34.53	28.13	29.49
2003	27.73	33.31	35.72	40.85
2004	43.48	45.04	44.22	50.00
2005	48.97	50.98	53.61	53.77
2006	60.68	57.87	57.12	61.50
2007	63.28	66.50	65.35	60.92
2008	56.15	56.52	55.90	41.55
2009	34.51	42.24	49.88	52.31
2010	56.95	51.86	56.75	66.08
2011	71.12	71.03	56.89	66.61
2012	74.64	71.94	75.87	77.47
2013	86.58	90.09		

23.68個單位。

　　債券部位餘額從初始的2千美元上升至2,126美元，這歸功於核心標普小型股ETF與債券配息，再加上債券價格微幅上揚，但是將債券部位用來買進核心標普小型股ETF共23.68個單位之後，剩下1,407美元。最後，核心標普小型股ETF餘

額上升到271.05個單位，價值8,239.92美元，再次接近3％訊號線。

請參考圖表2-6A，我們運用相同的投資術，只是把SPDR標普500指數ETF換成核心標普小型股ETF，而且排序依照總餘額遞減，整理為圖表2-6B。

你馬上會注意到一個不同之處，就是把3％訊號投資術需要的額外現金，從一開始就買進核心標普小型股ETF且長抱，這樣產生的最終餘額是最高的，這在SPDR標普500指數ETF並沒有發生。

但是，這不是什麼有益的發現，理由有以下3個：第一，大多數人在時間框架的起點，沒有這麼多資金從事投資；第二，沒有人能預先知道，在這個時間框架中，「買進後長抱」的績效是最好；第三，大多數人都是「買進後跳傘保命」，而不是「買進後長抱」。因此，其他的投資法對我們才有利。

在其他的投資法當中，**投資法2是3％訊號術的基本款，能產生最高的最終餘額，比其他兩種投資法對額外現金的運用更有效**，包括投資法3的定期定額法。投資法4與5都沒有再投入額外現金，而其中用3％訊號術的最終餘額是29,760美元，超越了買進後長抱核心標普小型股ETF的最終餘額27,289美元。

當3％訊號術搭配小型股ETF時，無論是否投入額外現金，績效都很優異，但真正目標是打敗SPDR標普500指數

圖表2-6A　SPDR標普500指數ETF投資法比較

編號	2000年12月～2013年6月的投資方式	起始金額	額外投入金額	最終股市餘額	最終債券餘額	最終餘額總計
投資法1	以SPDR標普500指數ETF與先鋒吉利美進行3％訊號術，比率80/20，需要時供應額外現金	$10,000	$30,711	$60,959	$10,193	$71,152
投資法2	在投資法一需要額外現金時，在起始金額1萬美元後，平均分配於50季買進（定期定額）	$10,000	$30,711	$63,667	0	$63,667
投資法3	把投資法1需要的額外現金，在起始金額一口氣買進並持有SPDR標普500指數ETF	$40,711	0	$63,055	0	$63,055
投資法4	以SPDR標普500指數ETF與先鋒吉利美進行單筆的3％訊號術，比率80/20，之後不再投入現金	$10,000	0	$13,973	$2,336	$16,309
投資法5	買進並持有單筆SPDR標普500指數ETF	$10,000	0	$15,489	0	$15,489

圖表2-6B ▶ **核心標普小型股ETF投資法比較**

編號	2000年12月～2013年6月的投資方式	起始金額（美元）	額外投入金額（美元）	最終股市餘額（美元）	最終債券餘額（美元）	最終餘額總計（美元）
投資法1	把投資法2需要的額外現金，在起始金額一口氣買進並長抱核心標普小型股ETF	37,249	0	101,648	0	101,648
投資法2	以核心標普小型股ETF與先鋒吉利美進行3%訊號術，比率80/20，需要時供應額外現金	10,000	27,249	69,318	16,403	85,271
投資法3	在投資法2需要額外現金時，在起始金額1萬美元後，平均分配於50季買進（定期定額法）	10,000	27,249	78,105	0	78,105
投資法4	以核心標普小型股ETF與先鋒吉利美進行單筆的3%訊號術，比率80/20，之後不再投入現金	10,000	0	24,065	5,695	29,760
投資法5	買進並長抱核心標普小型股ETF	10,000	0	27,289	0	27,289

ETF，這做到了而且贏很多。

　　圖表2-7是分別用核心標普小型股ETF、SPDR標普500指數ETF，執行3％訊號投資術之後的比較，此外還將所需額外現金以定期定額法投入，因此總共有4種組合的結果。

　　在圖表2-7中的每個組合裡，運用核心標普小型股ETF的績效，都比運用SPDR標普500指數ETF更好。投資法1運用核心標普小型股ETF，最終餘額為85,271美元，而投資法3運用SPDR標普500指數ETF，最終餘額只有71,152美元，前者的績效高出20.5％。

　　用核心標普小型股ETF執行3％訊號投資術，確實需要投入額外現金，但是比用SPDR標普500指數ETF時來得少。用SPDR標普500指數ETF時，有19個季度面臨現金短缺，而用核心標普小型股ETF時，如同圖表2-8所示，只有11個季度需要挹注現金。圖表中的數字經過四捨五入，但總額是正確的。

　　可見得，以核心標普小型股ETF實行3％訊號術，不光是績效較優，連現金短缺的金額也比較小。

　　在這兩種情況裡，3％訊號術在投資時間框架結束時，還有一大筆資金在安全的債券部位。這代表3％訊號術是以較低的風險打敗市場，在原始績效與經風險調整後的績效上，都表現得更好。

　　現在，請看看圖表2-7中的投資法2與4，無論資金放在核心標普小型股ETF或SPDR標普500指數ETF，定期定額法

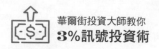

圖表2-7 以核心標普小型股ETF執行3%訊號術，打敗以
SPDR標普500指數ETF執行3%訊號術

編號	2000年12月～2013年6月的投資方式	起始金額（美元）	額外投入金額（美元）	最終股市餘額（美元）	最終債券餘額（美元）	最終餘額總計（美元）
投資法1	以核心標普小型股ETF與先鋒吉利美進行3%訊號術，比率80/20，需要時供應額外現金	10,000	27,249	69,318	16,403	85,271
投資法2	在投資法1需要額外現金時，在起始金額1萬美元後，平均分配於50季買進核心標普小型股ETF（定期定額法）	10,000	27,249	78,105	0	78,105
投資法3	以SPDR標普500指數ETF與先鋒吉利美進行3％訊號術，比率80/20，需要時供應額外現金	10,000	30,711	60,595	10,193	71,152
投資法4	在投資法3需要額外現金時，在起始金額1萬美元後，平均分配於50季買進SPDR標普500指數ETF（定期定額法）	10,000	30,711	63,667	0	63,667

從2001年第1季（Q101）至2013年第2季（Q213），運用核心標普小型股ETF的11個現金短缺季度

季度	所需額外金額（美元）	季度	所需額外金額（美元）
Q302	389	Q308	1,083
Q103	927	Q408	7,814
Q304	193	Q109	5,598
Q407	1,529	Q210	5,183
Q108	2,699	Q311	1,232
Q208	600		27,249

的最終餘額都比較低，而且債券部位都是零。

　　投資法1和3實行3％訊號術，不僅最終餘額比較高，而且債券部位都有一大筆結餘。用核心標普小型股ETF時，債券部位有16,403美元，在最終餘額85,721美元中的占比為19％。用SPDR標普500指數ETF時，債券部位有10,193美元，在最終餘額71,152美元中的占比為14％。

⑤ 用小型股ETF執行3％訊號術，績效出類拔萃

　　想了解為什麼3％訊號術能提升績效，要注意當大盤下跌20％時（例如2008年第4季），會發生什麼事？

　　為了容易理解，假設核心標普小型股ETF與SPDR標普500指數ETF的跌幅相當，而且債券價格維持穩定。圖表2-9顯示，當圖表2-7的四種投資法遇到大幅虧損時的前後比較。

圖表2-9　股市大跌20%，對3%訊號術和定期定額法的衝擊

編號	2000年12月～2013年6月的投資方式	最終債券餘額（美元）	市場跌20%後的債券餘額（美元）	最終股票餘額（美元）	市場跌20%後的股票餘額（美元）	最終淨值總計（美元）	市場跌20%後的最終餘額總計（美元）
1	以核心標普小型股ETF與先鋒吉利美進行3%訊號術，比率80/20，需要時供應額外現金	16,403	16,403	69,318	55,454	85,721	71,857
2	在投資法1需要額外現金時，在起始金額1萬美元後，平均分配於50季買進核心標普小型股ETF（定期定額法）	0	0	78,105	62,484	78,105	62,484

編號	2000年12月～2013年6月的投資方式	最終債券餘額（美元）	市場跌20%後的債券餘額（美元）	最終股票餘額（美元）	市場跌20%後的股票餘額（美元）	最終淨值總計（美元）	市場跌20%後的最終餘額總計（美元）
3	以SPDR標普500指數ETF與先鋒吉利美進行3%訊號術，比率80/20，需要時供應額外現金	10,193	10,193	60,959	48,767	71,152	58,960
4	在投資法3需要額外現金時，在起始金額1萬美元後，平均分配於50季買進SPDR標普500指數ETF（定期定額法）	0	0	63,667	50,934	63,667	50,934

　　當股市大跌時，餘額產生巨幅變化。投資法2運用定期定額法，將資金全押在股票上，整體蒙受20％的大縮水，從78,105美元降到62,484美元。

　　3％訊號術因為債券部位有一大筆資金，降低了股市大跌的衝擊，所以投資法1的餘額只跌了16.2％，從85,721美元來到71,857美元，而投資法3的餘額只跌了17.1％，從71,152美元來到58,960美元。

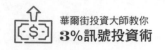

　　3％訊號術維持的債券部位餘額，在股市表現較差的季度能實現4個好處：第一，降低了股市下跌的傷害；第二，為接下來的低廉股價提供購買力；第三，給人安心感；第四也是最重要的，就是為下一步的正確行動灌注信心。

　　當股價跌到底時，正確的行動當然是買、買、買，3％訊號投資術也會發出買進訊號。在圖表2-9的2種情況下，提醒你把債券部位餘額，全部用於買進核心標普小型股ETF，或是用71％買進SPDR標普500指數ETF。這一種作法非常令人讚歎。

　　而且，3％訊號術的績效優勢超越了大多數投資方式。在現實世界裡，以核心標普小型股ETF執行3％訊號術，可說是勇冠三軍且大幅領先。

　　很少投資人能像這裡的定期定額法案例，以機械般的精準與不帶情緒的嚴謹，執行自己的投資組合。大多數人都是放馬後砲，猜當初該怎麼做才對，但往往都猜錯。

　　你從3％訊號術獲得的優勢，有一部分是對於它發出的訊號有信心，並對於隨著市場波動採取行動感到滿意，這可以讓你避免人為判斷的危險。

　　最後，即便有人從未脫離定期定額法的正軌，也幾乎都是運用多樣化的基金組合，而這個基金組合的整體績效，落後於範例當中的單純股票ETF配置。若他只用一檔股票ETF實行定期定額法，股票ETF的高波動性可能會使他被踢出牛市，若他用一個多樣化投資組合，波動會小一些，但獲利比

較低。

　　相較之下，**3％訊號投資術能取得平衡，每一季提供明確的指示，以較低的風險與更多的信心，達成高績效的目標**。接下來，我們比較一下3％訊號術與真實混亂世界。

2-4

實例證明：操作潛力飆股，獲利不如用3％訊號線

事後諸葛會說，如果在我們檢驗的這段期間，買進並長抱某些投資標的，績效應該會比3％訊號投資術更好。這就像總是有更大的魚，更綠的草地，當然也有績效更優的投資標的。

問題是沒有人能未卜先知，實務上因為情勢所迫，很難在正確的時間點持有績效最佳的投資標的。大家只能事後討論，帶著中樂透頭獎般的渴望。

我將這些超級股票稱作「英雄持股」，因為誰持有它們就是股市英雄。我們已經看過，從2000年12月至2013年6月共50季的時間框架裡，績效最神奇的英雄持股是一家營養品與減重公司快驗保（MED）。這檔股票2000年第4季的收盤價只有0.14美元，但2013年第2季的收盤價卻是25.76美元，成長18300％。

你會發現很少有股票比這一檔更猛。如果你拿1萬美元買進快驗保，然後沒有再買進，再與我們考慮過的投資法相

比，其結果如圖表2-10。

圖表2-10　買入後長抱快驗保，和以核心標普小型股ETF、
SPDR標普500指數ETF進行3％訊號術比較

2000年12月～2013年6月的投資法	起始金額（美元）	額外投入金額（美元）	最終股票餘額（美元）	最終債券餘額（美元）	最終餘額總計（美元）
在整段時間框架，以0.14美元的價位買進並長抱快驗保	10,000	0	1,840,000	0	1,840,000
以核心標普小型股ETF與先鋒吉利美進行3％訊號術，比率80/20，需要時供應額外現金	10,000	27,249	69,318	16,403	85,721
以SPDR標普500指數ETF與先鋒吉利美進行3％訊號術，比率80/20，需要時供應額外現金	10,000	30,711	60,959	10,193	71,152

結論很簡單！趕快去找下一檔快驗保，買進後長抱一輩子，然後在最正確的時間點賣掉。

突然間，我們明白「看未來」沒有「回頭看過去」那麼容易。而且，每一檔快驗保都可能像貝爾斯登（Bear Stearns）與安隆（Enron），原本前途不可限量，最後卻垮台消失。我們很容易嘲笑抱著這些股票的是呆子，但事實上並非如此。

美國大型投資銀行貝爾斯登曾入選《財星》雜誌，在該產業最受讚賞企業名單中位居第二。一年後，股市名師克雷默（Jim Cramer）還告訴《瘋錢》的觀眾說：「貝爾斯登沒事。」結果不到一週，該公司就發表急需紐約聯邦儲備銀行緊急貸款，但沒貸成，終於在2008年3月16日賤價賣給摩根大通。

至於安隆，打從2001年第4季一開始就完蛋，可是16位股市分析師當中，有13位將該公司股票評等為「建議買進」，結果兩個月後安隆申請破產。

這只是眾多失敗建議當中的兩個，而每個建議都有人相信並買進後長抱，因為當時的研究都說有一天能以更高價位脫手。在這裡，我們先不考慮大眾多麼容易被騙去買爛股，而是聚焦在光芒萬丈的快驗保，以及從2000年至2013年期間達到18300％的成長。

若在現實生活中，當某一檔幸運的基金持有像快驗保這樣的英雄持股，會發生什麼事呢？

圖表2-11是快驗保在我們檢驗期間共50季的收盤價，外加在2000年底的收盤價0.14美元。

從2000年底的0.14美元到2013年中的25.76美元，在這一路戲劇性的飆漲中，我們以為沿途會製造筆直上升的獲利線，但情況並非如此。

過去幾年，對於快驗保及其股價的大幅度波動，許多零效度度意見曾發出看多與看空的評論。有些說對、有些說

圖表2-11　2000年第4季至2013年第2季，快驗保的季收盤價

年度	第1季（美元）	第2季（美元）	第3季（美元）	第4季（美元）
2000				0.14
2001	0.44	0.33	0.20	0.22
2002	0.83	0.81	1.79	5.32
2003	4.94	11.25	12.35	**14.10**
2004	8.99	5.31	4.48	3.52
2005	2.87	3.04	4.00	5.24
2006	9.23	17.87	8.68	12.57
2007	7.16	8.95	5.58	4.85
2008	4.23	5.26	6.81	5.52
2009	4.15	11.46	21.72	30.58
2010	25.13	25.91	27.13	28.88
2011	19.75	23.73	16.15	13.72
2012	17.46	19.68	26.15	26.39
2013	22.92	25.76		

錯，這在50％準確率的環境裡相當合理。當快驗保是漲幅或跌幅最高的股票時，成為每天都有市場報告的個股，例如：2006年9月25日，某份報告顯示，快驗保獲得新客戶的成本升高，導致獲利展望疲軟後，股價下跌16％。

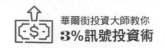

但是，這檔股票當然也有風光的時候。路透社於2010年2月16日報導：「在米克（Barry Minkow）的詐欺追查協會（Fraud Discovery Institute, FDI）終止對該公司的調查後，減重飲品與體重管理產品製造商快驗保於週二大漲7％。快驗保的股價過去幾年受到重創，是因為詐欺追查協會指控這家公司，把塑身一生（Take Shape for Life）這項產品直接銷售給下線，發展所謂的老鼠會。」

從1月8日至2月12日，也就是在詐欺追查協會發布指控快驗保的報告，與宣布終止調查的最後一個交易日之間，快驗保的股價下挫38％，從30.91美元跌到19.04美元。

⑤ 即使想長抱潛力股，在大跌中也很難堅持不賣

長抱這種股價猛然下跌、捲入詐欺、被說是老鼠會的股票，卻都沒賣掉，實在不是件容易的事。事後諸葛在講述英雄事蹟時，都省略這些細節，但是我們不會。

關於快驗保的案例，假設事後諸葛與其他投資者在這50季裡，都一樣面對有關該公司的龐大訊息，而且每一季都得決定是否要買進、買出或持有。假設事後諸葛用1萬美元，在2000年底以0.14美元的價位買進（這是整個時間框架裡最低的價格），然後每季丟1次銅板，正面代表繼續持有，反面代表賣掉，而且在事後諸葛未持有快驗保的季度，正面代

表買進，反面代表把錢留在現金部位。

　　這是必要的簡化，因為我們無法交代事後諸葛賣出部分持股的可能性，或是可能會做的任何其他選擇，然而這還是讓我有個靈感，就是50％的失敗率如何影響一檔英雄持股的績效。

　　圖表2-12是在2000年底以0.14美元買進快驗保後，丟擲50次銅板的結果。

圖表2-12　在快驗保歷史價格期間的丟銅板結果

季度	快驗保價格（美元）	丟銅板結果	行動	現金部位餘額（美元）	快驗保部位餘額（美元）
Q400	0.14		買進	0	10,000
Q101	0.44	反	賣出	31,429	0
Q201	0.33	正	買進	0	31,429
Q301	0.20	反	賣出	19,048	0
Q401	0.22	反	繼續持有	19,048	0
Q102	0.83	反	繼續持有	19,048	0
Q202	0.81	反	繼續持有	19,048	0
Q302	1.79	正	買進	0	19,048
Q402	5.32	正	繼續持有	0	56,611
Q103	4.94	反	賣出	52,567	0
Q203	11.25	正	買進	0	52,567
Q303	12.35	正	繼續持有	0	57,707

季度	快驗保價格（美元）	丟銅板結果	行動	現金部位餘額（美元）	快驗保部位餘額（美元）
Q403	14.10	反	賣出	65,884	0
Q104	8.99	反	繼續持有	65,884	0
Q204	5.31	正	買進	0	65,884
Q304	4.48	正	繼續持有	0	55,586
Q404	3.52	反	賣出	43,675	0
Q105	2.87	反	繼續持有	43,675	0
Q205	3.04	正	買進	0	43,675
Q305	4.00	反	賣出	57,466	0
Q405	5.24	反	繼續持有	57,466	0
Q106	9.23	正	買進	0	57,466
Q206	17.87	正	繼續持有	0	111,259
Q306	8.68	反	賣出	54,042	0
Q406	12.57	正	買進	0	54,042
Q107	7.16	反	賣出	30,783	0
Q207	8.95	反	繼續持有	30,783	0
Q307	5.58	反	繼續持有	30,783	0
Q407	4.85	正	買進	0	30,783
Q108	4.23	反	賣出	26,848	0
Q208	5.26	正	買進	0	26,848
Q308	6.81	反	賣出	34,759	0

季度	快驗保價格（美元）	丟銅板結果	行動	現金部位餘額（美元）	快驗保部位餘額（美元）
Q408	5.52	反	繼續持有	34,759	0
Q109	4.15	反	繼續持有	34,759	0
Q209	11.46	正	買進	0	34,759
Q309	21.72	反	賣出	65,878	0
Q409	30.58	正	買進	0	65,878
Q110	25.13	反	賣出	54,137	0
Q210	25.91	正	買進	0	54,137
Q310	27.13	反	賣出	56,686	0
Q410	28.88	正	買進	0	56,686
Q111	19.75	正	繼續持有	0	38,766
Q211	23.73	反	賣出	46,578	0
Q311	16.15	正	買進	0	46,578
Q411	13.72	反	賣出	39,579	0
Q112	17.46	正	買進	0	39,579
Q212	19.68	反	賣出	44,601	0
Q312	26.15	反	繼續持有	44,601	0
Q412	26.39	反	繼續持有	44,601	0
Q113	22.92	反	繼續持有	44,601	0
Q213	25.76	反	繼續持有	44,601	0

在這檔英雄持股的交易傳說中，對於漫長的期間必須忍受什麼，我們可以列出來：**勝利後的心痛，以及慶功宴後的輾轉難眠、沮喪、得意、斟酌、壓力、無力感、吹噓、懊惱、生氣**等。最終，事後諸葛的1萬美元成長為44,601美元。這與吹噓的184萬美元有很大的差距。

他只是利用後見之明，告訴你在2000年12月底以0.14美元買進快驗保，到了2013年6月會變成多少。這在理論上說得容易，但在現實世界裡很難做到。

我們以隨機的方式，觀察快驗保這些年的痛苦歷程，以丟銅板決定每季要如何行動，或許會走出一條不同的道路。

然而，這期間確會有幾次真正的成功，事後諸葛會向眾親友吹噓。但真要說有什麼差別，就是這個例子對事後諸葛過於仁慈，因為一開始讓他用0.14美元的價格買進，只過了一季，便往上衝到31,429美元。

這樣的設定讓事後諸葛在丟銅板前就極有優勢，整體獲利超過91％！無論丟銅板的結果如何，績效表現得相當不錯。2002年的第3到第4季，餘額從19,048美元成長到56,611美元。2003年的第3到第4季，從57,707美元成長到65,884美元，而2006年的第1到第2季，則是從57,466美元成長到111,259美元，是這一連串成長的最高金額。很可惜地，過了三季之後，事後諸葛的餘額掉到30,783美元。

假設他買進的價位不是2000年的0.14美元，而是2001年的0.33美元，在其他條件不變的情況下，最終餘額總計只有

14,191美元，這段時間的最高金額在2006年也只有35,401美元，並且在三季後萎縮到9,795美元，低於1萬美元的起始金額。

　　儘管這些行動是隨機產生，我們還是可以想像，一個人在做出這些決策之前的心路歷程。假設事後諸葛2000年以0.14美元買進快驗保，在2001年第一季馬上得到214％的報酬率，會讓他對自己的投資能力產生信心。特別是當他賣在0.44美元，幾個月後發現跌到0.33美元時，他可能會為了下一波漲幅買進而大喊：「讚啦！」

　　接下來跌39％或許痛苦，這可以解釋為什麼事後諸葛賣掉，並留在現金部位以示抗議。隔年快驗保股價漲795％、從0.20美元飆到1.79美元。已經出場的人會懊惱不已，勢必毀了數不清的假期與特殊節日，從2001年第三季到2002年第三季，事後諸葛終於忍不住而再次進場。眼看一檔股票從0.20美元漲到1.79美元，他決定那就買了，放膽一搏吧。

　　我們必須讚賞事後諸葛這次的買進，特別是快驗保一季漲了將近3倍，來到5.32美元。只是我們很難認同丟銅板的行為。

　　我們不知道，活生生的投資人在這50季裡操作快驗保，實際績效會是如何，但確實知道的是，長期追蹤紀錄顯示，人類在股市裡有一半的機率判斷錯誤。

　　這一類的投資故事通常讓你會心一笑，因為多半會出現這樣的對話：「你知道如果你10年前就買進這檔股票，然後

死抱不賣,那就賺死了」、「可惜我當時沒買,你也沒買。而且即使有買,也可能很快就賣掉,然後在高點買回,更別說沒有人知道到最後會漲這麼多。所以,現在說這些有什麼意義呢?」

為了分析事後諸葛股市追夢的故事,現在將先前的比較表添加一些現實成分,製作成圖表2-13。

即便是最高績效的股票,也需要在對的時間,以對的金額買進、持有與賣出。但在每個環節,我們都只有一半的機率做出正確判斷。因此,即使是英雄持股,最完美的狀況是增值到184萬美元,也可能變成只有44,601美元,或是只剩14,191美元。

圖表2-13 ▶ 快驗保的夢幻泡影與現實的比較

2000年12月～2013年6月的投資方式	起始金額（美元）	額外投入金額（美元）	最終股市餘額（美元）	最終債券餘額（美元）	最終餘額總計（美元）
以0.14美元買進快驗保,並在整段期間常抱不賣	10,000	0	1,840,000	0	1,840,000
以核心標普小型股ETF與先鋒吉利美進行3%訊號術,比率80/20,需要時供應額外現金	10,000	27,249	69,318	16,403	85,271
以SPDR標普500指數ETF與先鋒吉利美進行3%訊號術,比率80/20,需要時供應額外現金	10,000	30,711	60,595	10,193	71,152

2000年12月～2013年6月的投資方式	起始金額（美元）	額外投入金額（美元）	最終股市餘額（美元）	最終債券餘額（美元）	最終餘額總計（美元）
以0.14美元買進快驗保，根據每季丟銅板50%的誤判機率進行交易（樂觀一點的現實）	10,000	0	44,601	0	44,601
以0.33美元買進快驗保，根據每季丟銅板50%的誤判機率進行交易（悲觀一點的現實）	10,000	0	14,191	0	14,191

 如何像魔法般變出優良的績效紀錄？

　　想知道如何讓你的投資績效看起來比實際更好嗎？股市名師和投資顧問一直在做這件事。

　　祕訣是選擇性地報告，我們觀察在看快驗保的季收盤價時，注意到有多次亮眼的上漲。零效度意見的報告可能只會提及上漲期間，而對於典型交易過程中，有50%會誤判下跌期間與整體績效，則略過不提。

　　幾年時間過去，對想法丟了夠多次銅板，你將很快彙整出一張股價走勢圖，尋找哪裡一定會有正向結果，即便只是暫時性的獲利。你隨便提一檔股票，我都能找出何時曾經有過正報酬，只要會報喜不報憂，任何人都能像是選股行家。

2-5

為何3%訊號投資術能完勝定期定額法？

　　許多人提倡定期定額投資法（簡稱定期定額法），認為這是錢進股市的最佳方法。他們反對3％訊號投資術，因為它提供的報酬優勢超越定期定額法的幅度，不值得他們付出額外努力。

　　但他們錯了，接下來我將說明，為什麼3％訊號投資術是股市最務實的投資方法。

　　的確，定期定額法是一種優異的長期投資法。它可以消除投資產業大部分無效的雜音，讓你在高點少買幾個單位，在低點多買幾個單位，因此每單位的平均買價在某個時間框架下，能低於該證券的平均交易價格，請見圖表2-14。

　　光是自動定期投入5百美元，就能在投資期間使每單位的平均購買價格，低於該證券的平均交易價格。定期定額法會受人歡迎，就是因為操作簡單。但在同樣的條件下，在相同的時間框架裡，實行3％訊號投資術最終能實現更高的餘額。

圖表2-14 定期定額法的優勢

證券價格 （美元）	投資金額 （美元）	買進的單 位數	持有的總 單位數	每單位平均 買進價格 （美元）	每單位平均 交易價格 （美元）
10	500	50	50	10	10
15	500	33	83	12.05	12.50
5	500	100	183	8.20	10
10	500	50	233	8.58	10
20	500	25	258	9.69	12

　　定期定額法與3％訊號投資術有何不同？基本上，定期定額法只買不賣，也不會有債券部位，而是百分百投資股票。 3％訊號術會產生債券部位的餘額，而且很少百分百投資股票。

　　在長期走升的市場裡，定期定額法的績效會領先，因為它把全部的錢都放在股票部位，而3％訊號術則是每季賣掉獲利超過3％的部分，以降低股價上漲的潛在風險。

把錢全都押在股票上的缺點

　　定期定額法的問題是，當放在股市的錢被套牢時，人們只能乾瞪眼，無法有效回應。但你在前文中看到，3％訊號投資術在股價跌20％時如何降低傷害。

　　許多以定期定額法投資的人，在應該買進或是賣出時都不做調整。定期定額法沒有提供指示，無論這世界發生什麼事，都自動投入更多資金，根本無法滿足情緒上的需求，因為我們看到新聞、資產組合的波動，總會想要採取行動做些什麼。也就是說，50％誤判率的機制開始運作。

　　3％訊號術的美好，就是告訴我們應什麼該做，解決人們想要採取行動的需求。當股市跌了就買，當股市大跌更要大買。當股市漲了就賣，當股市大漲更要大賣。這些想法和行動並非總是正確，因為公式不知道若有一季大漲，接下來兩季是否會上漲更多。

　　然而，隨著時間過去，每季都理性行動，績效將會勝出。3％訊號術能避免極為可能發生的人為判斷，在第2季的高點孤注一擲，因為價格背後有繼續上漲的動能。

　　當股市暴跌時，全額擺在股票會讓資金虧損極大化，當你轉回現金時，虧損依然存在，而當股市反轉、股價飆更高時，你只能待在場外抱怨了。

　　定期定額法具有這樣的風險，是因為全額投資股票，以及每月或每季自動撥款，感受不到我們真的掌控投資組合，就像是打開自動駕駛。定期定額法行不通，除非你認為50％的誤判機率算是可靠。

　　在現實世界裡，採用定期定額法會發生的是，人們看到隨著股市上漲的全額投資股票部位，在股市崩盤時垮下，而感到痛苦。他們會部分出場或是全部出場，然後在沒有指示

的情況下，一旁的零效度意見又再干擾，說著何時該把資金再次轉進股市。

　　因此，這種投資法是在賭一把，而不是以嚴格的紀律持續買進、讓平均成本下降。最終，大部分人還是會回歸以定期定額法買進投資標的，但是直到下一波空頭的底部來臨之前，他們已經錯失最佳的購買機會。

　　由此可知，採用定期定額法不會知道投資帳戶未來的價值。即便投資人不會因為慌亂自亂陣腳，但全額投資波動很大的股市，又沒有安全部位的機制，所以無法在可預測的成長之路上重新開始。

　　沒有人知道本季結束時，定期定額帳戶餘額會是多少？但是，運用3％訊號術在本季進行再平衡後，股票基金的價值一定會比上一季高出3％以上。

　　定期定額法還會面臨一個問題是：到底要提撥多少錢？在前文談到定期定額法與3％訊號術的比較中，我們決定把這段期間額外需要的現金，以定期定額法平均為50季提撥。但在現實世界裡，不會出現這樣的方式。因為我們無法預先知道這50季會發生什麼，也就不會知道3％訊號術的訊號，總共需要多少額外現金。

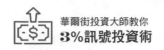
> ### 📝 價值平均的年報酬率更好
>
> 　　定期定值法創始人麥克‧艾道森（Michael Edleson）
> 在其著作《定期定值投資策略》（*Value Averaging*）中寫
> 道，他在三百個模擬市場裡，操作「定期定額」與「定期
> 定值」投資策略。這兩種方法的歷史績效很接近，但是在
> 第1輪的1百回合當中，定期定值贏了84回合；在第2輪的1
> 百回合，定期定值贏了90回合；而第3輪的100回合，定期
> 定值贏了89回合。
>
> 　　在比較年報酬率時，艾道森發現「定期定值法打敗定
> 期定額法，平均報酬率贏了大約1.4%」，如同圖表2-15所
> 示（摘自該書2006年版的表格8-1）。

圖表2-15 定期定值法打敗定期定額法

模擬操作	定期定額法的年報酬率 （%）	定期定值法的年報酬率 （%）
第一輪一百回合	15.74	17.03
第2輪一百回合	13.85	15.35
第3輪一百回合	14.88	16.28

　　有時候，以定期定額法提撥金額，單純只取決於投資人負擔得起多少，然而當投資人隨著時間獲得更多資源，以及投資標的與經濟雙雙成長時，缺乏指示就可能會成為嚴重的問題。

　　假如設定以定期定額法提撥的金額是每季300美元，那麼每年就有1,200美元，5年後便提撥6千美元。假如每年成長10％，整體餘額將是7,326美元。換句話說，才短短5年就累積不少錢。隨著時間流逝，這300美元的對照帳戶總金額，相形之下會越來越小。你的收入會成長，通膨會讓價格變高，於是過不了多久，你以定期定額法提撥的金額將不再是個恰當數字。

　　但是，採行3％訊號投資術時，這從來都不是問題。3％訊號術以相應的百分率成長，因此發出的買賣指示從開始到結束，都會與整體規模維持相應的比率。

　　剛開始1千美元的股票部位餘額，在該季只需要成長30美元就能持續進行。隨著時間過去，當建立的餘額已達30萬美元，該季就需要9千美元才能達到成長目標。

　　3％訊號術會自動計算，無論帳戶規模大小，每季的調整都很重要。加上股票部位餘額的成長會因為賣出訊號而變現，然後轉進債券部位，以支應後續的買進訊號，即便這些數字會隨著時間變大也不要緊。

　　例如，該季你就不需要拿出9千美元，因為一部分或全部的金額，會由股市本身的成長來供應。如果沒有，也能從

過去股市成長而賣掉的部位來填補。

實行定期定額法，即便隨著時間提高定期提撥金額，但因為收入提高，提撥金額跟整體帳戶餘額相比，還是小巫見大巫。在此，我們非常正向地思考，並假設在你開始以定期定額法每季提撥3百美元後，5年內收入將翻4倍，因此你也把提撥金額調高到每季1,200、1年4,800美元。在接下來的5年，總共將提撥3萬美元，帳戶的價值是41,103美元，一樣假定年報酬率是10%。

回到5年的起跑點，當時你的提撥金額只有每季3百美元，僅占你的帳戶價值4％。現在10年之後，你每季提撥的1,200美元僅占整體3％，但是每季1,200美元並不是一筆小數目。

你可以看見，過去提撥金額的積累與成長，最終都會讓後來提撥的金額相形見絀，於是在極度的衰退裡，削弱了採取重要行動的能力。

10年如實提撥投資之後，帳戶有41,103美元。假如股市連續崩盤兩個月，價值就會掉到24,662美元。採行定期定額法時，正確作法是當價格下跌，要繼續提撥資金，才能買進更多單位。

但問題是，一個已經蒸發16,441美元的帳戶，這一季丟進1,200，下一季再丟進1,200美元，會感覺像是拿著湯匙舀水去救火。你會想要採取更多行動，但結果可能是在股市谷底全部贖回。

你或許會想：「我若只是用定期定額法，永遠都不足以帶來明顯差異，而且還只能看著帳戶裡的數字蒸發，我得阻止這一切才行。」於是你贖回了。

如果使用3％訊號術，會跟定期定額法一樣，每季定期提撥投資金額，但將受惠於額外的購買力，這來自你的債券帳戶，包括過去的提撥金額和賣掉股票部位的錢。

只要做一件聰明的事，就能為你灌輸信心、堅持到底。如果你想做點什麼，那就照著3％訊號術的訊號行動，這一直都有效。

把錢分散投資多種基金，績效反而糟糕

由於上述的缺點，當定期定額法或是買進後長抱使用於單一股票基金時，幾乎總是被切割成五花八門的基金與資產類別。

舉例來說，你每月或每季定期提撥的金額，不會只是轉進一檔小型股基金，而是轉進一檔大型股基金、一檔成長與收入型基金、一檔國際股票基金、一檔債券基金，或許還有一檔國庫券基金等。結果，這些錢可能是放40％在積極型的股票、30％在穩定型的股票、20％在債券，以及10％在國庫券。

這種多樣化的投資會削弱績效，幾乎永遠都追不上3％訊號投資術的報酬率。3％訊號術維持80％的資產在小型股

上，非常具攻擊性但風險也很高，除非剩餘的20％資金與額外提撥金額備而不用，等著市場出現弱化跡象時進場購買。當你的績效幾乎打敗了每一種錢進股市的手法，將會覺得壓力減輕不少。

所以，相較於定期定額法，3％訊號投資術其實是把更多錢投入市場的小型股類別，在前面的事後諸葛把戲裡，用定期定額法操作3％訊號術的所需額外金額，百分之百都配置給小型股。但是，沒有人會這麼做，也沒有人真的買在最低點、賣在最高點。

然而，就像你在前文例子看到的，即使相較於用定期定額法虛構地完全投資小型股，3％訊號投資術的原始報酬率都能領先，經過風險調整後的績效則超前更多。

定期定額法的確是良好的投資方式，肯定比在開放市場用零效度意見來丟銅板的胡亂冒險要好得多。然而，這還是比不上3％訊號術，因為定期定額法鎖定一檔基金，經過風險調整後的績效比較低。

情況之所以會這樣，是因為定期定額法始終都是全額投資，而無法滿足我們回應市場發生大事時的情緒需要，無法因應市場價格，或是根據投資組合的價值變動，提供資金加碼或減碼的指示。

而且，幾乎總是在績效較低的資產類別，進行多樣化投資，因為沒有人能應付把錢全部押在攻擊型股票，卻沒有明確的買進賣出公式。圖表2-16是定期定額法與3％訊號投資

術的比較。

圖表2-16　3%訊號術優於定期定額法的理由

定期定額法	3%訊號投資術
總是全額投資，若是全押在單一基金，會面臨最大的市場風險	受益於債券部位餘額，包括降低市場風險，以及適時下手購買
無法滿足能控制投資的情感需求，導致運用人為判斷，而脫離投資正軌	透過每季發出的回應價格波動的訊號，來滿足能控制投資的情感需求，這代表更可能會堅持到底
沒有提供為了回應市場情勢，而變更定期定額金額的指示	不論買或賣，都以訊號提供完整的指示，而且是以相應比率的數量來交易
成長的時程不一，完全取決於市場的波動	股票部位餘額的成長，取決於每季3%的預測目標，並以債券部位餘額來幫忙達成
通常在績效較低的資產類別，進行多樣化投資，來尋求安全與心靈平靜，因為不會發出買進或賣出的指示	可以集中投資一檔高績效的小型股，因為買賣指示能有效利用價格波動，提供心靈平靜與較高獲利

2-6

我不怕股市暴跌！因為遵守「跌30％不出場」原則

　　目前為止提到的定期定額法與買進後長抱，都顯示出全額投資有一個最大弱點：投資人在市場谷底時，太過恐慌而脫手賣掉，雖然鎖住虧損，但錯過了後面的反彈。相對地，3％訊號投資術的處理方式是發出以更低價買進的訊號，或者若沒有現金可以買，起碼不要出場。

　　有一刻，我們把重點放在「什麼能讓全額投資發揮作用」，答案是維持長抱，也就是買進後不理會市場暴跌而堅持長抱。如果以定期定額法按照計畫進行，而且在股市底部維持全額投資，也會因為反彈而受惠。

　　但是，**3％訊號投資術在極端的拋售期間，有效運用更多金額，所以能在反彈時受惠更多。**

　　當股市開始反彈時，有什麼辦法能讓績效變得更好嗎？有的，我稱之為「跌30％不出場」，就是當市場跌幅超過30％，應該留在股市裡。換句話說，當大盤因為拋售而急遽下跌時，你應該為了反彈而不出場。

　　在此，我們必須定義幾個專有名詞。「跌30％」的計算方式，是用最近兩年SPDR標普500指數ETF的季收盤價（不是每日收盤價也不是盤中價格），因為這是一般大盤的絕佳替代品，能反映我們在股市裡努力逮到的反彈。

　　如果你用SPDR標普500指數ETF以外的標的，例如鎖定某些指數或單一個股，可能會發生過去兩年從高點下跌30％，卻沒有提供反彈的好機會。如果SPDR標普500指數ETF從近兩年的高點下跌30％，則很有機會大幅反彈。既然我們只用季收盤價，代表你只需要觀察8個價格。

　　至於跌30％後要多久不出場，答案是4個賣出訊號。這可能會連著4個季度發生，也可能中間穿插一些買進訊號，但你必須遵守。萬一市場無法很快反彈，我們會為「跌30％不出場」設置2年的期限。以下歸納相關規則：

- 當SPDR標普500指數ETF的季收盤價，從近兩年高點跌30％時，會啟動不出場模式。
- 「不出場」是指，不要理會接下來四個賣出訊號。這可能會連續發生，也可能中間穿插買進訊號。無論是哪一種，不理會4次就對了。
- 在不理會4個賣出訊號，或是經過2年後，離開「跌30％不出場」規則，並且重新啟動3％訊號投資術。

　　你很可能永遠都不需要等到2年。在回溯的測試裡，在

下跌超過30％後，3％訊號投資術總是在2年內發出4次賣出訊號。儘管如此，我們還是需要一個時限，因為可以想見，股市可能會在下跌30％後，盤整超過2年。若是如此，就不會發生大幅度的反彈。既然不會反彈，3％訊號術就要恢復標準模式，為了往後的買進而收割股市獲利。

經過長期的盤整，市場也可能再度下跌，讓3％訊號術發出買進訊號。你會想要收割部分獲利，以因應這樣的偶發情形，因此不該讓「跌30％不出場」的階段持續超過兩年。相同的道理，假如市場要花超過兩年跌幅才會超過30％，那麼大幅反彈的機率也會比較小。

3％訊號投資術指示我們，當市場下跌時，以更便宜的價格買進，終將值回票價。股市經常在大崩盤後，馬上從底部向上反攻，大部分的人往往會錯過這個時機，因為他們在等待安全的徵兆，但這個徵兆通常在錯失許多獲利之前並不會出現。3％訊號術則會偵測到大幅的季成長，並發出賣出訊號，賣掉超出目標的獲利。

由於不理會4次賣出訊號，你將在這段強力反彈期間把錢留在股市，之後才恢復往常，照著訊號操作。

在此，我們運用2007年至2009年的崩盤與後續反彈，做一個簡單對照。在2006年底拿出1萬美元，一半投資核心標普小型股ETF，另一半持有現金（這次不用債券）以備後續買進之用。圖表2-17是2009年股市崩盤的情形。

圖表2-17　在2007-2009崩盤期間用光現金

季度	SPDR標普500指數ETF價格（美元）	核心標普小型股ETF價格（美元）	核心標普小型股ETF發出訊號前的帳戶餘額（美元）	發出訊號前的現金部位餘額	訊號（單位數）	發出訊號後持有的單位數	核心標普小型股ETF發出訊號後的帳戶餘額（美元）	發出訊號後的現金部位餘額	發出訊號後的總餘額
Q406	122.91	61.50	0	10,000	買進 81.30	81.3	5,000	5,000	10,000
Q107	123.73	63.28	5,145	5,000	買進 0.08	81.38	5,150	4,995	10,145
Q207	131.64	66.50	5,412	4,995	賣出 1.62	79.76	5,304	5,103	10,407
Q307	134.16	65.35	5,212	5,103	買進 3.84	83.6	5,463	4,852	10,315
Q407	129.24	60.92	5,093	4,852	買進 8.76	92.36	5,627	4,318	9,945
Q108	117.23	56.15	5,186	4,318	買進 10.86	103.22	5,796	3,708	9,504
Q208	114.25	56.52	5,834	3,708	買進 2.40	105.62	5,970	3,573	9,542
Q308	104.15	55.90	5,904	3,573	買進 4.38	110.00	6,149	3,328	9,477
Q408	81.69	41.55	4,571	3,328	買進 42.42	152.42	6,333	1,565	7,898
Q109	72.50	34.51	5,260	1,565	買進 36.60	189.02	6,523	302	6,825

股市在觸底的時候，反彈力道最大

在熊市底部，我們的現金所剩無幾，這時即便核心標普小型股ETF每季都穩定成長3％（這要歸功於照著訊號操作），總餘額還是少了32％。

我們不知道市場即將反彈。如果沒有堅持「跌30％不出場」規則，而是照著接下來的賣出訊號操作，帳戶在接下來兩年的成長幅度將只剩圖表2-18那樣而已。

股市在直接觸底時，反彈的力道最大，上漲65％。從2009年第1季的34.51美元，來到2010年第1季的56.95美元。在這個有利可圖的階段，我們隨著價格上升而賣出，雖然減少一些獲利，但還是表現不俗，在反彈的頭兩年，總餘額成長82％。

但是，若進入「跌30％不出場」階段，在SPDR標普500指數ETF下跌超過30％後，不理會接下來的4個賣出訊號，那麼績效會更好。

你唯一需要注意的季收盤價，是SPDR標普500指數ETF的高點，落在2007年第三季的134.16美元，而啟動「跌30％不出場」的價位，則是跌破30％或是93.91美元。

SPDR標普500指數ETF在2008年第4季跌到93.91美元以下，啟動了「跌30％不出場」規則，接下來2年內不理會4次賣出訊號。下個訊號出現在2009年第1季，是買進訊號，我們要照著操作，因為這時不必理會的只有賣出訊號。

圖表2-18　反彈時期照著所有賣出訊號操作的影響

季度	SPDR標普500指數ETF價格（美元）	核心標普小型股ETF價格（美元）	核心標普小型股ETF發出訊號前的帳戶餘額（美元）	發出訊號前的現金部位餘額	訊號（單位數）	發出訊號後持有的單位數	核心標普小型股ETF發出訊號後的帳戶餘額（美元）	發出訊號後的現金部位餘額	發出訊號後的總餘額
Q209	84.30	42.24	7,988	302	賣出 30.05	158.97	6,715	1,566	8,281
Q309	97.27	49.88	7,929	1,566	賣出 20.30	138.67	6,917	2,579	9,496
Q409	103.21	52.31	7,254	2,579	賣出 2.48	136.19	7,124	2,708	9,833
Q110	108.81	56.95	7,756	2,708	賣出 7.34	128.85	7,338	3,126	10,464
Q210	96.45	51.86	6,682	3,126	買進 16.89	145.74	7,558	2,251	9,809
Q310	107.21	56.75	8,271	2,251	賣出 8.57	137.17	7,784	2,737	10,521
Q410	118.75	66.08	9,064	2,737	賣出 15.84	121.33	8,017	3,784	11,801
Q111	125.75	71.12	8,629	3,784	賣出 5.22	116.11	8,258	4,155	12,413

　　在下跌30％後，越多的買進訊號代表市場仍在苦苦掙扎，而且應該有多少現金就買多少，因為反彈即將來臨，獲利將會越豐厚。

　　第一個不必理會的賣出訊號出現在2009年第2季，而且到2010年為止，3個賣出訊號接連出現。但是，並非每一次都這樣，在不必理會的賣出訊號中間，也可能穿插買進訊號，只不過在次貸崩盤的底部過後，連續出現4個不必理會的訊號。

　　圖表2-19是相同投資金額在上述狀況時的績效表現。

圖表2-19 ▶ 反彈時期不理會4個賣出訊號的獲利

季度	SPDR標普500指數ETF價格（美元）	核心標普小型股ETF價格（美元）	核心標普小型股ETF發出訊號前的帳戶餘額（美元）	發出訊號前的現金部位餘額	訊號（單位數）	發出訊號後持有的單位數	核心標普小型股ETF發出訊號後的帳戶餘額（美元）	發出訊號後的現金部位餘額	發出訊號後的總餘額
Q209	84.30	42.24	7,988	302	不理會賣出訊號1	189.02	7,984	302	8,286
Q309	97.27	49.88	9,428	302	不理會賣出訊號2	189.02	9,428	302	9,730
Q409	103.21	52.31	9,888	302	不理會賣出訊號3	189.02	9,888	302	10,190
Q110	108.81	56.95	10,765	302	不理會賣出訊號4	189.02	10,765	302	11,067

季度	SPDR標普500指數ETF價格（美元）	核心標普小型股ETF價格（美元）	核心標普小型股ETF發出訊號前的帳戶餘額（美元）	發出訊號前的現金部位餘額	訊號（單位數）	發出訊號後持有的單位數	核心標普小型股ETF發出訊號後的帳戶餘額（美元）	發出訊號後的現金部位餘額	發出訊號後的總餘額
Q210	96.45	51.86	9,803	302	買進24.78（錢只夠買）5.82	194.84	10,104	0	10,105
Q310	107.21	56.75	11,057	0	賣出11.45	183.39	10,407	650	11,057
Q410	118.75	66.08	12,118	650	賣出21.17	162.22	10,719	2,049	12,768
Q111	125.75	71.12	11,537	2,049	賣出6.98	154.24	10,970	2,616	13,586

　　由圖表2-19可以看出，績效改善許多。在SPDR標普500指數ETF跌30％後，不理會4次賣出訊號，讓我們2011年第1季的總餘額達到13,586美元。如果沒有實施「跌30％不出場」規則，則是12,413美元。可見得，即使不理會4次賣出訊號，導致無法全額因應2010年第2季的買進訊號，績效還是贏了9％。

　　「跌30％不出場」規則行得通的理由，應該不難理解。當股市強力反彈時，最好把資金留在裡面。其中最高的獲利機會就是大跌後的一小段時間，我們定義為2年。一般來

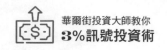
說，要下跌20%才被視為熊市，因此啟動「不出場」規則的條件為跌30%。這使得這條規則鮮少使用，但是對獲利大有幫助。

你可能想知道，在這個時間框架下，運用「跌30%不出場」的獲利獨占鰲頭，那麼在別的期間是否就不會。其實，在1993至2013年這20年間，**即便運用「跌30%不出場」規則，導致後續出現買進訊號卻現金不足，但比起出現所有賣出訊號都照賣不誤，獲利還是大幅提升。**

30%的門檻是理想水位，能為已造成的現金差額產生最大績效。其他門檻的效益，例如市場下跌25%、35%、40%或45%，都沒有這麼好。

另外，運用標普500指數，而非替代品SPDR標普500指數ETF時，在1950至2013年間，這條規定只出現4次，包括：1970年、1974年、2002年與2009年。其中，不理會4個賣出訊號，全額投資於標普500指數的獲利，分別是1970年有38%、1974年有62%、2002年有14%，以及2009年有43%。

若想要解決資金短缺問題，可以考慮設置一個「底部購買帳戶」，這能更加放大「跌30%不出場」規則的獲利效果。如此一來，你不只能在股市底部堅持不出場，還能在上漲走勢中好好利用第一個逢低買進的機會。

2-7

3%訊號投資術還可以應用在個股，以及……

　　實行3％訊號投資術時，以小型股為成長工具、以債券為安全工具的成效頗佳。但是，若採取相同策略，一樣以每季成長3％為目標，但運用不同的工具，成效會是如何？有沒有其他投資工具比小型股容易運用，成效又比較好？

　　我已研究3％訊號投資術許多年，試過市場上每一類型的投資工具，但至今沒有一種能大幅持續地打敗3％訊號術的績效。

3%訊號投資術鎖定類股的變化版本

　　想要將股票市場分類，可能永無止盡。我們已看過按照市值或公司規模的分類，並發現小型股ETF的績效比大型股好，因為波動更大，能獲取更高的報酬。另一種分類方式，是按照部門或產業（譯註：1999年標準普爾與摩根士丹利公司共同推出產業分類系統，將所有產業分成11個領域、24個分組及

68個部門）。股票的歸類從寬到窄，依照序為部門、產業、企業。把這個名單從企業個股提升到部門或產業的概念，相較於挑選幾家公司或單一公司，是在挑選同類的股票族群，我們更有機會選擇整個類股，來打敗對手的績效。

想測試哪些特定部門的績效勝出，其實很簡單。例如：標普500指數分成9個部門，每個部門都有一檔SPDR ETF做為代表。但隨著時間過去，沒有一檔的績效可以打敗小型股。在某些時間區塊，某些部門的股票績效會勝出，但不容易猜測哪些部門在哪些時間績效比較好。

挑選下一個績效頂尖的部門或產業，不會比挑選下一檔績效頂尖的個股更容易，而且這樣做非常冒險。怎樣算是底部？何時買進？何時要賣掉並轉進另一個部門？要動用多少資金？零效度意見在挑選部門與產業時，表現得跟挑選個股一樣糟糕，理由也都一樣。

如果鎖定世界某個地區或是單一國家呢？試想，如果在自己國家裡選股就有困難，為什麼在其他國家選股會比較容易？我們常見到，標榜針對某些國家的多元投資績效不穩定，是因為除了股市表現之外，還包含了匯兌與地緣政治風險。我們最不需要的就是額外的難題。

我想你已經看出，選股逃不出50％誤判率的基本限制。選擇這檔股票或那檔股票？在這個國家或那個國家？挑選這個產業或那個產業？觀察這個部門或那個部門？這可能需要把飛鏢和銅板拿出來。你也可以選擇相信所謂專家的意見，

但他們的勝算沒有比你高，因為都是50％。

即使回測顯示，某個特定部門的績效大幅領先核心標普小型股ETF，還是無法知道下次是否也如此，這依然是典型的賭局。在下個10年，某個部門可能會繼續興旺，但也可能不會。

不過根據我的回測，沒有任何部門的績效會大幅領先核心標普小型股ETF，因此根本連賭都不必賭。此外，幾乎所有券商與退休帳戶都有小型股基金可供選擇，反而是特定部門類股的選項很少。這讓你可以簡單做出決定，單純用你能取得的最便宜小型股基金來實行3％訊號投資術，獲利表現就會很好。

(S) 設定篩選條件，瞄準成長股或價值股

另一種檢視股票投資的方式，就是設定篩選條件，並在各種循環週期買進那些篩選出的投資標的。這比買進固定的類股更好，例如：若要買進科技股，我們設定一個篩選條件，來購買低價股、快速成長股，或者某位投資大師持有或最多人持有的個股。

在股市的季度變化中，篩選是有意義的，因為只會挑出符合條件的股票。今年的低價股名單可能與去年不一樣，但是固定的類股或部門不會改變，非消費必需品部門（consumer discretionary sector，譯註：包括汽車、服裝、休閒與

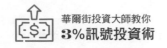
媒體）裡，永遠都是非消費必需品產業。

　　一般來說，最受歡迎的篩選方式是鎖定成長股或是價值股。對投資人來說，這比區分他們偏愛大型股或是小型股，更符合他們的性格。相較於公司的規模與產業，成長股投資人更關心企業的成長率，而且他們建立的規模與產業各異的投資組合，可能會偏重小型股，因為這樣才有成長空間。同理，價值股投資人會尋找價格便宜的股票，而不理會規模或產業。

　　成長股以擁有高收益與營收成長而自豪，股票通常會顯現價格上漲的動能。價值股則自詡價格低廉，衡量方式是看股價淨值比（P/B值＝股價÷淨值）、本益比（P/E ratio＝股價÷每股盈餘），還有股價營收比（PSR，市值營收比）。但不論是鎖定成長股還是價值股，都能持續推升3％的獲利績效嗎？

　　答案是否定的。我們考慮過的每一種市值指數（指企業規模而言），其中的成份股都有成長股與價值股。我們可以拿都是大型股的標普500指數，以及指數中滿足成長股與價值股投資人條件的兩種子集，來進行比較。我們可以同樣比較標普400中型股指數與標普600小型股指數，結果會與依照經濟部門分類差不多。有些受青睞的成長股或價值股績效勝出，但是在與都是小型股的投資標的做比較時，沒有顯著長期優勢。

　　另外，幾乎所有帳戶都提供一般小型股基金，卻很少帳

戶提供成長型或價值型的小型股基金。如果你的帳戶有，你就找一檔成本最低的成長型或是價值型基金。

💲 不投資ETF，而是以個股做為標的

3％訊號投資術提供一個錢進股市歷久不衰的方法，讓你要投資幾年都可以，而且把對生活的干擾減到最低。因此，3％訊號術要求運用一檔成份廣泛的指數基金，而不是某個類別的指數或個股，因為後者會隨著好惡而轉換，無法保證最終反彈是最佳選擇，需要人為判斷進出場的時機。

這就是為什麼3％訊號投資術的基本款，以核心標普小型股ETF或是其他成分更廣泛的小型股基金，做為投資標的。如此一來，在所有的環境裡都能輕鬆完成設定，然後高枕無憂且成果亮眼。

不過，3％訊號投資術也可以用於操作個股，而且績效通常比事後諸葛的擇時操作還要好，因為只要跟隨3％成長線去買低賣高即可，不需要人為判斷。事後諸葛自以為知道何時該買進與賣出，但只有一半的機率是對的，於是拉低績效。在前面的英雄持股快驗保案例，你已看到這種狀況。

有些公司規模太大且太成功，我們可以透過3％訊號投資術進行長期操作。舉例來說，道瓊指數中的大型、多角化跨國企業，本身就像是指數。持有會配息的集團股，例如：埃克森美孚（Exxon Mobil）、IBM與沃爾瑪（Walmart），

如同持有某個產業領域的基金，像是鎖定石油部門、資訊部門或零售部門。因此，這類股票很值得當成3％訊號術的候選股。

這樣的個股雖然有風險，就像通用汽車在2009年破產，但是機率很低。對於這類大型企業來說，衰退幾乎都是暫時的，而從衰退中復甦的過程則提供了獲利的機會。當股價驟跌且低於3％成長線，以及當股價反彈幅度高出這條線，3％訊號投資術會捕捉到契機，告訴你該買進多少股、該賣出多少股。當股市跌得越深，買進得越多，而越是猛漲，就賣出得越多。

另外，3％訊號投資術也能用在規模小一點、股價攻擊性強的個股，這將產生更高的風險，但如果只占投資組合很小一部分，或許值得一試。你可以用大部分資金，在退休帳戶裡以小型股基金實施3％訊號術，然後針對個股另外設一個帳戶。

你可能想主動買賣股票小賺一筆，但你會發現用3％訊號術操作某些個股，績效比核心標普小型股ETF更好。不過，不應該用個股取代標普小型股ETF，而是應該額外做這件事，因為這些投資產生的獲利只是錦上添花，帶有些許運氣的成分。

在退休帳戶裡運用自己公司的股票，好處之一是收到分紅，但問題是不斷累積公司股票直到持有好幾千股。一旦公司陷入危機或是股價驟跌，你將面臨極高風險，若股票分紅

帳戶突然被腰斬，甚至丟掉工作，便造成雙重打擊。想避免這種事態，必須運用3％訊號術管理帳戶，建立安全的債券部位做為緩衝，避免把個人財富押寶在單一公司上。

　　掌握這些要素之後，我們看一下在2000年12月至2013年6月共50季的時間框架裡，以3％訊號投資術的基本款來投資10檔不同的股票，情況將是如何？而且，與核心標普小型股ETF和SPDR標普500指數ETF做比較，圖表2-20是依照最終餘額遞減來排序的結果。

圖表2-20　2000年12月至2013年6月，以3%訊號術投資10檔股票

2000年12月~2013年6月的投資個股（代碼）	起始金額（美元）	額外投入金額（美元）	最終股市餘額（美元）	最終債券餘額（美元）	最終餘額總計（美元）
以3%訊號術投資快驗保（MED）	10,000	28,168,633	50,972,179	8,786,211	59,758,390
以3%訊號術投資蘋果（AAPL）	10,000	171,966	721,646	0	721,646
以3%訊號術投資迪樂百貨（DDS）	10,000	63,382	564,312	140,797	705,109
以3%訊號術投資堪薩斯南方工業（KSU）	10,000	35,528	271,739	67,935	339,674

2000年12月～2013年6月的投資個股（代碼）	起始金額（美元）	額外投入金額（美元）	最終股市餘額（美元）	最終債券餘額（美元）	最終餘額總計（美元）
以3%訊號術投資潘娜拉麵包（PNRA）	10,000	31,704	199,755	66,123	265,878
以3%訊號術投資星巴克（SBUX）	10,000	51,805	196,835	65,717	262,552
以3%訊號術投資麥當勞（MCD）	10,000	9,477	86,946	11,486	98,432
以3%訊號術投資核心標普600小型股ETF（IJR）	10,000	27,249	69,318	16,403	85,721
以3%訊號術投資國際商業機器（IBM）	10,000	15,094	70,620	5,063	75,683
以3%訊號術投資SPDR標普500指數ETF（SPY）	10,000	30,711	60,959	10,193	71,152
以3%訊號術投資埃克森美孚（XOM）	10,000	24,914	67,910	0	67,910
以3%訊號術投資沃爾瑪（WMT）	10,000	20,939	50,013	4,196	54,209

　　快驗保持續一貫的風格，最終餘額高達59,758,390美元，額外投入現金是28,168,633美元。也就是說，若在這段期間能騰出2千8百萬美元，用快驗保實施3％訊號術是相當不錯的。但我相信沒有多少人做得到，因為無法為快驗保、蘋果、迪樂百貨或星巴克，依照訊號挹注這麼多資金。

　　如果能額外投入35,528美元買進堪薩斯南方工業，就算值回票價，若能買潘娜拉麵包也很棒。

　　購入麥當勞與IBM需要的額外投入現金，比核心標普小型股ETF和SPDR標普500指數ETF還要少。即便如此，麥當勞的績效還是打敗這兩檔ETF，最終餘額有98,432美元，勝過核心標普小型股ETF的85,721美元，而且所需額外現金只有9,477美元，也勝過核心標普小型股ETF需要的27,249美元。

　　現在你選擇買蘋果毫不費力，但在2000年，也就是這個時間框架的起點，iPod、iPhone或iPad都還沒有推出，因此這並非簡單的決定。

　　從結果來看，投資麥當勞可以讓額外現金與最終餘額達到理想平衡。問題是，2000年沒有人知道麥當勞在接下來50季的績效，會勝過埃克森美孚、IBM和沃爾瑪。就像你現在也不知道，在接下來50季，哪一檔股票會表現得比較好。

　　你肯定沒辦法依靠零效度意見。2000年9月，麥當勞擔心外幣貶值將會妨礙獲利，而且媒體也報導，即使麥當勞表示將按照計畫步調成長，美國銀行還是將其股票評等降低。

2002年4月，《財星》雜誌有個頭條標題是「麥當勞的拱門倒了，連續6次獲利令人失望」，而且報導了阿格斯研究公司（Argus Research）的一位專家「不僅在1月大賣麥當勞股票，還宣布本月要減少對麥當勞的預測報告，因為客戶對這檔股票已經失去興致」。這位專家還說：「麥當勞已經不再是成長型企業了。」

如果你聽信各方報導，就不會在這50季持有麥當勞。**當零效度意見宣布麥當勞快要完蛋時，敢買進這檔股票是個了不起的舉動。**麥當勞股價的確從2002年4月的30美元，跌到2003年3月的13美元，3％訊號投資術有很多時間發出訊號指示我們購買。然而，麥當勞股價從2003年3月的低點大幅反彈，到2012年1月時來到100美元。阿格斯研究公司的專家在2002年1月極力主張賣掉持股，以避免進一步走跌，並沒有錯，但接下來以客戶興趣缺缺為由不再提出分析報告，則肯定是錯的。

長期關注麥當勞股票是正確的，專家可以告訴客戶一個進場方案，在價格疲軟的那幾年以低價儘量買進。如此一來，當股價反彈時，獲利會很可觀，就像是使用3％訊號投資術。

但是，專家多半在股價下跌時攻訐與漠視，在價格高漲時不斷讚歎與讚美，與獲利的方向背道而馳。相較之下，3％訊號術依靠自動化機制來克服這種錯誤。

另外，零效度意見在規避風險時也不管用。2008年6

月，《巴倫週刊》的封面故事是「買進通用汽車」，其內容指出：「通用汽車未來幾年會加速轉型，為大膽的股東帶來可觀獲利。」通用汽車確實在加速，但是在加速撞牆。一年後，通用破產了。

看完這幾檔股票的回測後，別太興奮，因為你看見的單純是在這個時間框架裡，運用3％訊號投資術依舊績效最佳，而這不是什麼祕密。

如果你能夠預知未來，就會在2000年以0.14美元的價格買進快驗保，也會選擇以麥當勞代替核心標普小型股ETF，實施3％訊號術。但千金難買早知道。

關鍵是，當你想選擇特定股票進行投資，3％訊號投資術是幫忙做決策的好方法。

在前文中，我們戳破事後諸葛的快驗保致富傳奇。若在同樣的時間框架下，使用3％訊號術操作這檔股票，那麼在沒有額外投入現金的情況下，起始的1萬美元最後將變成3億4,700萬美元，其中51萬美元在安全的債券部位。最終餘額比買進後長抱的結果多了90％。更驚人的是，這個數字是人為操作的78倍。

接下來，以這個角度觀察前文說明的股票，圖表2-21是以3％訊號投資術來操作這10檔股票，以及核心標普小型股ETF與SPDR標普500指數ETF，但都沒有額外投入現金。圖表2-21為根據最終餘額遞減來排序的結果。

圖表2-21　2000年12月至2013年6月，以3%訊號術投資
10檔股票，但沒有額外投入現金

2000年12月～2013年6月的投資個股（代碼）	起始金額（美元）	額外投入金額（美元）	最終股市餘額（美元）	最終債券餘額（美元）	最終餘額總計（美元）
以3%訊號術投資快驗保（MED）	10,000	0	2,958,948	510,042	3,468,990
以3%訊號術投資蘋果（AAPL）	10,000	0	430,358	0	430,358
以3%訊號術投資潘娜拉麵包（PNRA）	10,000	0	96,765	32,031	128,796
以3%訊號術投資堪薩斯南方工業（KSU）	10,000	0	100,146	25,036	125,182
以3%訊號術投資迪樂百貨（DDS）	10,000	0	67,775	16,910	84,685
以3%訊號術投資星巴克（SBUX）	10,000	0	41,316	13,794	55,110
以3%訊號術投資麥當勞（MCD）	10,000	0	34,398	4,544	38,942
以3%訊號術投資埃克森美孚（XOM）	10,000	0	29,878	0	29,878

2000年12月～2013年6月的投資個股（代碼）	起始金額（美元）	額外投入金額（美元）	最終股市餘額（美元）	最終債券餘額（美元）	最終餘額總計（美元）
以3%訊號術投資國際商業機器（IBM）	10,000	0	29,266	2,098	31,364
以3%訊號術投資核心標普小型股ETF（IJR）	10,000	0	24,065	5,695	29,760
以3%訊號術投資沃爾瑪（WMT）	10,000	0	16,649	1,397	18,046
以3%訊號術投資 SPDR標普500指數ETF（SPY）	10,000	0	13,973	2,336	16,309

　　3%訊號投資術也是管理個股的好辦法，但缺點是沒有人能事先知道哪一檔股票績效最好。其實，能在股市倖存最重要的，個股可能會破產，但指數不會。

　　如果你不是將所有資金都投入3%訊號投資術，並運用核心標普小型股ETF或另一檔小型股ETF，而是拿出部分資金去冒險投資一些個股，那麼我建議你在核心方案之外，針對個股執行另一個3%訊號術。

　　如此一來，若最終你對個股判斷錯誤，至少還能減少損失，或是管理個股的波動，取得不錯的獲利。若你選到一檔

贏家（例如：在前述時間框架下的快驗保、蘋果、潘娜拉麵包、堪薩斯南方工業或迪樂百貨），3％訊號術也能幫助你，不必做出艱難的決定，就將資金推往績效更高之路。

想追求安全穩健，你也可以增加債券部位

以上說明了用小型股ETF以外的標的，執行3％訊號投資術，以追求更高的獲利。我們發現有些投資標的可行，有些絕對不適合。不變的是，3％訊號術的基本款能在風險與報酬之間取得良好平衡，並實現高獲利。

如果你感興趣的不是提高獲利而是降低風險，也有許多方法能夠做到，最簡單的辦法是提高債券部位的配置。即使你剛開始工作幾年，決定追求更平穩的投資，只要將債券配置提高到30％、40％，甚至50％，就能達到目的。不過，請你審慎考慮，因為3％訊號術基本款的股債比80：20已相當安全，並且保證有最佳獲利。

還有一個簡單辦法能達成更高的安全性，就是用現金取代債券以避開利率風險。用現金做為安全部位的風險非常低，因為波動是零。雖然它不像債券能隨著時間成長與穩定配息，但絕對可以讓你放心。只是以債券執行3％訊號術的績效，比現金好太多了，而債券ETF也相當安全。

最後，你可以將實行3％訊號術時持有的小型股基金，換成一檔整體股市ETF，這可以中和小型股在經濟擴張時期

📝 當蘋果還是種子選手時

　　你或許以為，對於像蘋果這樣的明星級企業，若回到2000年12月，顯然應該買進，其實答案是錯的。當時，賈伯斯已重返蘋果最高位置3年，絕大多數的i開頭人氣產品還不存在。

　　在2000年10月19日，CNET（譯註：一家專門報導科技新聞的媒體，2008年被哥倫比亞廣播公司收購）報導：「蘋果電腦的股價，在週三發布獲利惡化的財測新聞後，週四應聲下跌9%。」兩個月後，雷曼兄弟的零效度意見是：蘋果預期先前的財測將產生40%的差額，這是我們長期以來看過的最大失誤。擔心這不是整體經濟放緩，而是蘋果自己的失誤造成的。

　　即使對於明星級股票，人們也很難在正確時間點買進，在下跌時長抱，然後在大家為之狂熱時賣出。我們以為自己能做到，事後諸葛說他做到了，零效度意見也覺得他們可以，但這全都是在丟銅板。

　　在這50季的開頭，沒有太多特別看多蘋果的理由。還有上百家前途不怎麼樣的企業，後來真的不怎麼樣，我們沒什麼理由認為自己會在股海中選擇蘋果，或是選中下一個50季的贏家個股。

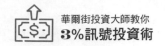

績效低落的可能性。例如：先鋒整體股市ETF（Vanguard Total Stock Market ETF, VTI）涵蓋美國百分之百的股票市場，若你搭配先鋒整體債市ETF（Vanguard Total Bond Market ETF, BND）來實行3％訊號術，將是一個績效長青的組合。

　　不過，我仍然建議用基本款來操作3％訊號投資術，以一檔小型股ETF為成長部位、一檔債券ETF為安全部位，股債配置目標在有薪資進帳期間是80：20。

　　如果你想要生活得更自在一點，3％訊號投資術也能提供更安全的拼圖，讓你免於受到事後諸葛與零效度意見的魔爪荼毒。

執行摘要 /02

　　我們的目標是打敗大型股的標普500指數，但沒有規定不能使用其他指數。因此，將大部分的資金都用在小型股，而且以債券做為3%訊號投資術的安全部位。

　　小型股較高的波動會提升績效，並自動仰賴債券基金，讓我們比全額投資的定期定額法更能堅守在正軌上。

- 小型股ETF績效勝過同類的大型股，3%訊號術會以低買高賣的訊號，將其較高的波動轉化成獲利。較高的績效與賣掉的超額獲利，將提供雙重優勢。
- 定期定額法的弱點是始終都全額投資，沒有回應市場變動的機制。這讓投資人在市場很糟糕時，無法緩和情緒不安，許多人因為帳戶餘額崩潰而恐慌，於是在錯誤的時機賣掉出場。
- %訊號術會自動發出買賣的指示，來回應市場的波動，讓投資人覺得安心而繼續執行，同時受惠於小型股ETF的高績效。
- 3%訊號術能打敗定期定額法，若是使用其他基金更是大幅領先。大部分基金的績效，都低於3%訊號術使用的市場指數ETF。
- 當極端拋售潮發生，暫時留在股市不出場，不理會接下來的4次賣出訊號。這就是「跌30%不出場」規則。這種作法有很高的勝算能占上風，因為反彈會隨之而來，若我們想要賺得更多，就要盡可能留

在股市裡。

■ 3%訊號術可以應用於某類股的成長型或價值型基金、個股,或是以現金代替債券,但績效都比不上用小型股ETF與債券ETF建立組合,設定股債比80:20的基本款。

The 3% Signal

NOTE

第 **3** 章

5步驟教你控制風險，
讓獲利穩健成長

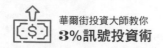

3-1

慢慢搬錢，為理智與情緒提供最佳賺錢方案

　　3％訊號投資術會每季根據最佳訊號線，向我們顯示該買或是該賣，能做到自動化的買低賣高，推動績效向上發展。3％訊號術的理想投資工具，是小型股ETF與債券ETF。接下來，說明如何進行資金管理。

　　無論在哪種帳戶操作3％訊號術，你都可能定期提撥更多現金。一個雇員的退休帳戶中，現金通常隨著薪資而來。在非退休的證券帳戶裡，你可能會設定固定轉帳金額，把錢從你的銀行轉過來，若偶爾幸運地發現一些現金，也同樣轉過來。

　　如果市場經過一段夠長的上漲，而且沒有引發3％訊號術發出買進訊號的下跌，你賣出股票與提撥現金會讓債券比例逐漸增加。我們希望大部分的錢都能為獲利帶來貢獻，與股市一起上漲，所以應當避免債券部位過大。另一方面，股市幾次偶發的暴跌，讓債券部位能立即派上用場，在低點買進。簡單地說，你需要達成平衡。

　　接下來，教你管理3％訊號術的債券部位、開設實用的底部買進帳戶，以及根據年齡與風險來調整債券的配置。

　　事實上，一筆現金餘額是很難管理的。我們最不想看到的，就是在某個高點把錢全投入股市，結果幾個月後蒸發掉3分之1。你知道應該有效運用資金，讓錢賺得比一般利息更多。

　　回顧歷史，拿一大筆錢直接投入股市一直都是比較好的方式，但我們容易受情緒影響，1987年的黑色星期一、1997年的亞洲金融風暴、2000年的網路泡沫，還有2008年次貸崩盤，財富虧損的數字不斷更新。這些金融災難都在我們的意識裡留下烙印，於是你決定盡力避開這種痛苦。

　　即便今天打算將大筆資金投入股市時，遇到大崩盤的機率不高，大腦還是會提醒你有這個可能性。所以，決定在場外虛度與觀望，錯失了賺大錢的良機。

　　想避免這樣的事態，我建議把現金分成4等份，讓你在3％訊號術發出接下來的4個買進訊號時使用。這未必會接連發生，因此這些買進訊號可能跨越好個幾年度。無論何時發出訊號，你都可以在訊號要求的金額之外，決定要額外投入多少現金。這也可以幫助你把既有投資組合的餘額，逐步轉入3％訊號術，在這個情況下，你在每次發出買進訊號時，便賣掉或贖回4分之1，拿來加入你的買單。

　　舉例來說，假設你把10萬美元分成4等份，打算用來實施3％訊號術，你就會為了接下來的4個買進訊號，每次多加

上2萬5千美元。如果訊號根據你近期的投資餘額，要你在下一季買進3千美元，你將再加上2萬5千，總共投資2萬8千美元。如果你運用的基金該季收盤價是88美元，你將用2萬8千美元買進318個單位，而不是用訊號發出的3千美元買進34個單位。

在你為3％訊號投資術增加額外資金之後，它會用變大的投資餘額來計算下一季的3％訊號線。這樣買進4個季度後，你的大筆現金就投入3％訊號術運作。若剛好碰到股市不振，你還能以低價買進，若是股市逐漸上漲，你因為已經投入部分現金，感覺有搭上這波漲幅。這種「慢慢搬錢」的方法，可以讓你在不確定的股海中緩解情緒。

有的人可能會提出數據，顯示股市較常上漲、較少下跌，卻忽視人們容易受情緒影響，並非每次都能做出合理的選擇。**慢慢搬錢正好提供大腦與心臟最佳的折衷方案。**讓你能從容自在，有效運用大筆現金。

3-2

債券餘額不只保護投資組合，更扮演靈活角色

　　股票與債券的波動，對3％訊號投資術來說都有價值。股票部位受市場每日變動與你每季買賣的影響，而債券部位則受到資金投入和偶爾轉出的影響，也與股票部位每季的買賣產生互動。

　　實際上，你對債券部位的參與比股票部位還多。這是每季交易的環節之一，而新投入3％訊號術運作的所有現金都是先購買債券基金，然後轉進股票基金，這會透過每季的調整來進行。因此，你的債券基金餘額會逐月、逐季不同。

　　就像肺在吐納空氣，債券部位也會吐納資金。這是一種正常功能，當債券部位因為吸入資金而變大，因為吐出資金而變小時，不必擔憂或不安。不過，債券部位不應該長時間過大或過小。

　　股債比80：20是個非常恰當的組合，不僅在債券帳戶提供足夠的購買力，以因應股市的大幅下挫，而且保留一筆資金在股市裡賺錢。若股債比是5：95、25：75或50：50，都

可能讓你錯過太多獲利。95：5的組合會讓你在股市下跌時，沒有足夠的資金多買一點。

在幾乎所有的狀況下，80：20表現都令人滿意，因此我們將這個股債比做為基本款，當3％訊號術適時發出訊號時，偶爾要再平衡以回到這個比例。

大部分的人會在退休帳戶實施3％訊號投資術，而你看到實際成效後，也可能在其他帳戶裡運用。不過，本章討論的現金管理還是以退休帳戶為主。由於定期撥款，退休帳戶的債券部位會持續累積。透過3％訊號術，股債之間的互動會一直保持平衡，只有當股市多頭或空頭行情時間拉長，偶爾會偏離這個比例。即便發生這種狀況，最終還是可以用額外的資金加以修正，回到股債比80：20。

3％訊號投資術有2種技巧，能讓退休帳戶不斷成長的債券部位轉進股票部位。由於發出的訊號會讓股票部位維持3％的成長，若債券部位變大卻不調整，訊號發出的交易數字將會越來越小，導致過多資金沒有發揮獲利的作用。所以，接下來提出2種方法來獲取新的現金，讓股債維持正確的比例。

新投入的現金，都先進債券部位

運用3％訊號投資術時，所有新投入的現金都是先轉進債券基金部位。你可以調整每季股票部位的成長，再吸納該

季期間新流入債券部位一半的現金。

　　第一個方法**是調高每季訊號，來處理越來越大的債券部位餘額**。當新的現金以穩定步調匯入退休帳戶的債券部位時，這個方法的效果最好。舉例來說，提撥6％的薪資外加3％的公司配比，等於9％的薪資。若你每月賺6千美元，就是每月540美元，也就是每年有6,480美元轉進退休帳戶的債券部位。

　　假設開始實施3％訊號投資術時，退休帳戶裡的起始金額是1萬美元，加上1年6,480美元的新資金，代表1年便增加65％。既然新流入的現金比例這麼高，需要運用3％訊號術來處理。每月540美元，每季就是1,620美元。在頭一季，8千美元（起始金額1萬美元的80％為股票部位）的3％成長目標只有240美元，加起來一共是8,240美元。但是，你新提撥的現金將近是3％訊號術成長目標的7倍大。

　　為了吸納所有的現金，你的成長目標不能是3％，應該是23％！8千美元為了達到3％成長線，加上240美元，再加上你的1,620美元，總共是9,860美元。

　　我們要努力達成股債比80：20，因此不應該把每季提撥的現金全部投入股市。新的現金有一部分最終會留在股市，但有一部分應該留在債券部位，等待未來出現買進機會時派上用場。

　　你可能會想，是否應該把新的現金依照80：20的比例分成兩份，分別投入股票與債券部位呢？實際上，最好是將提

撥的新現金分成兩半，一半配置給股票基金，一半留在債券
基金。

這是因為股市傾向上漲，而我們在股票部位3％的成長
目標，會自然推高股票部位的餘額。想讓債券部位維持接近
整體20％的配置比例，最好留一半的提撥金額。基本上，就
是把每季提撥的金額1620美元分成兩半，810美元留在債券
部位，810美元用於你的成長目標。

在這樣的規畫下，頭一季的股票部位是起始金額8千美
元，該季達標金額在新的現金加入後是9,050美元。以公式
呈現如下：

**股票部位餘額（8,000美元）＋3％成長率（240美元）
＋50％新現金＝目標金額（9,050美元）**

在這一季，需要13％的成長率才能達成修正後的目標，
但這幾乎不可能發生，所以在規畫之初、當餘額還很低時，
幾乎每季都要買進更多股票。這沒什麼問題，因為你已經為
債券部位供應額外成長目標所需的資金。公式裡「50％新現
金」的部分，便是基於你每月提撥的金額，畢竟這筆錢本來
在帳戶中就是準備要買進。

對大多數人來說，這也不會太過極端。首先，很少有人
在剛開始進行退休帳戶計畫時，一個月就能賺到6千美元。
第二，等到他們每月能賺6千美元時，已經有足夠的退休帳

戶餘額，讓每月提撥的金額不會帶來過大的比例失衡。

不過，這麼大的失衡是良好的困境，因為這代表你會在這個規畫中投入大量現金。若你正面對這個問題，記得保持冷靜，繼續照3％訊號術來處理現金。過不了多久，你的退休帳戶餘額會變大，讓現金比例相對上會縮小很多。

若拉長這個案例的時序，假設薪資維持不變，我們將看到3％訊號術每季提撥現金（1,620美元）的50％（810美元）留在債券部位，同時將另外一半在每季結束時轉進股票部位，而股票部位餘額的成長率在每季都剛好是3％，就不會觸發交易訊號。

在真實生活裡，不會3年都沒出現買賣訊號，但我們先這樣假設，來說明3％訊號投資術如何吸納新的現金（見圖表3-1）。

圖表3-1　3％訊號術如何吸收每季50％的現金提撥金額

季度	退休帳戶的債券餘額（美元）	退休帳戶的股票餘額（美元）	每季提撥的新現金（美元）	股市餘額目標（美元）＋3％成長率＋50％每季提撥現金（810美元）
Q1	2,000	8,000	1,620	9,050
Q2	2,810	9,050	1,620	10,132
Q3	3,620	10,132	1,620	11,245
Q4	4,430	11,245	1,620	12,393
Q1	5,240	12,393	1,620	13,575
Q2	6,050	13,575	1,620	14,792

季度	退休帳戶的 債券餘額 （美元）	退休帳戶的 股票餘額 （美元）	每季提撥的 新現金 （美元）	股市餘額目標（美元）＋ 3%成長率＋50%每季提撥 現金（810美元）
Q3	6,860	14,792	1,620	16,046
Q4	7,670	16,046	1,620	17,337
Q1	8,480	17,337	1,620	18,667
Q2	9,290	18,667	1,620	20,037
Q3	10,100	20,037	1,620	21,448
Q4	10,910	21,448	1,620	22,902

　　3年後，你的債券部位餘額是10,910美元，占帳戶總餘額32,358美元的34%。別被最後一欄的22,902美元搞混了，這是你該季股票餘額的目標。在一開始，債券與股票部位餘額合計32,358美元，因此債券部位餘額10,910美元，為總餘額32,358美元的34%。也就是說，股債比80：20變成66：34，差距頗大。

　　之所以如此，是因為股票部位除了新提撥的金額之外，每季都只成長3%，而債券部位收到的金額與股票部位是一樣的。由於債券部位的起始金額只有2千美元，而股票部位的起始金額有8千美元，因此每季提撥金額的一半會讓債券部位的占比變大，導致與股票部位極不相稱。

　　例如，在第一年第二季，810美元是前一季債券餘額的41%，但只占前一季股票餘額的10%。當然，債券部位對整體餘額的占比，在每季提撥金額與股票部位相同時，本來就

會成長得快一點。

在真實生活中，市場會波動，報酬率不會每季正好3％，但你會沿著3％線買進賣出。由於買進時會動用你的債券部位，所以對總餘額的百分比不會持續變大。

賣出將會為債券部位挹注資金，讓比例變更大。或許你認為我們應該稍微調整一下現金提撥，讓進入股市的錢多一點、進入債市的錢少一點，就能避免股債比80：20偏離比例。但這麼做不值得，因為我們無法預知市場會在何時、何處出現失衡。

依據訊號，把債券餘額有效用在股票上

幸運的是，失衡對我們來說不是問題。大多數的波動對股債比80：20的組合都是好的。在真實狀況中，較可能先變成75：25，然後再回到原先的比例。不過，偶爾也會需要介入，才能重新回到80：20的狀態。

合理的波動區間介於70：30與90：10之間。這很好解釋，適量的變動是件好事，能給市場空間搖擺震盪。在每季進行操作之後，將債券餘額除以總餘額，就能看見債券部位的占比。若低於10％，增加現金是個好點子，我們稍後會討論。若高於30％，最好調整下個訊號的下單規模，藉此再平衡到20％的基本水位。

舉例來說，假設你的債券餘額是1萬美元，總餘額是5萬

美元，那麼債券部位的占比為20％，股票部位的占比為80％。若後來變成債券餘額1萬5，那麼總餘額7萬美元，債券部位的占比為21％。當變成債券餘額3萬美元時，總餘額9萬美元，債券部位的占比為33％。

這時候，**債券部位的金額過高，要將超出的部分轉進股票市場**。只要等待一個買進訊號，然後提高買單規模，把你更多、更充沛的債券餘額有效運用在股票上。

將超出的金額，用來擴大獲利

或許你認為買進訊號越大，越要動用額外資金，理由是買進訊號越大，代表市場上有更多便宜可撿。我們想要股票部位每季上漲3％，若漲了2％，表示有些便宜可撿，若只漲1％，可撿的便宜應該更多。若跌了5％，股價甚至會更便宜。因此，**當買進訊號越大，股價就越划算，而這正是有效運用資金的好時機**。

我建構的3％訊號投資術基本款，能夠調節債券部位的多餘金額，當市場的季成長低於3％訊號線時，四捨五入低了多少百分比，購買金額就提高多少個10％。若市場一季只成長2％，便低於3％的目標1％，因此可以提高買單規模10％。

這樣能加快為債券部位的多餘金額進行策略性的布局，隨著股價越來越低，將維持這個作法，直到帳戶的債券餘額

重新回到20％。屆時將重新回到標準的3％訊號術，訊號要你買進多少就買進多少。

 當有了超額現金，規模很重要

在前文中，提到將一筆現金分成4等份，分別於4個季度買進，藉由分散價格與進場時機，來減少對於把錢投入股市就遇到崩盤的恐懼。我認為，在一次大跌後，把3％訊號投資術的債券配置，一口氣從30％再平衡回到20％，會比連續幾次提高10％下單量更好，因為我們在心理上會比較篤定。

當3％訊號術的債券餘額占比來到30％，你依照著下個買進訊號操作，並加上債券部位超出的餘額，讓配置回到20％。這種額外的購買力是由3％訊號術本身，從先前的賣出訊號產生的，而且相較於整體資金，所占比例相當小。因此，在一張大買單上運用這筆錢，你不會那麼緊張。

當訊號展開工作，依據規畫發揮作用，還能為你提振信心，所以依照買進訊號，把先前賣出訊號產生的額外資金轉往股票部位。

一大筆初始金額，或是3％訊號術以外的意外之財，是另一回事。首先，這可能使你的資金占比增大很多，超出3％訊號術對債券占比超額的緩衝區間。第二，你對意外獲

得大量現金的情緒讓你強烈意識到，若進軍股市的時機太差，使這筆錢蒸發了，將會很難接受。

若分成4個季度依據訊號慢慢買進，不僅能幫你謹慎處理這筆錢，同時減輕煩惱如何運用資金的壓力。

這方法看起來不錯，但其實沒必要這麼複雜。更好的作法是等債券部位占比來到30％，再利用下一次的買進訊號，一口氣把超額的部分全都轉進股票部位。這樣做違反直覺但有效，而又回到股債配置取捨的問題。

把債券部位超出的餘額一口氣全押在一張買單上，比巧妙調整買進金額更有效。理由是股市不會太常暴跌，足以讓一筆可觀的債券餘額很快消化完畢，度過好幾個漲跌循環。既然市場傾向上漲，在大多數環境裡，在第一個機會出現後有效利用超出的金額，成效會比較好。

但必須注意，用掉的額外金額只能使債券部位降到20％。如此一來，加上債券部位超出的金額，能累加到你整體帳戶的30％，可以避免債券部位金額過少，無法為未來季度的買進訊號挹注資金。

別以為你不需要。**人們會自然地期待市場朝著某個方向移動，然後再朝另一個方向移動，這種傾向稱為「橡皮筋回**

彈」。若股市本季下跌8％，會想像橡皮筋往下拉到緊繃，接著將反彈。當股市跌得越深，反彈力道就越大。但關鍵在於時機，世上沒有人能告訴你這個反彈何時開始。

圖表3-2是2003年至2012年，先鋒500指數基金（Vanguard 500 Index Fund）績效低於3％的季度，該基金追蹤標普500指數。在全部22個季度當中，只有9季在接下來那一季反彈超過3％。還有13季是下一季績效繼續低於3％，占整體的59％。

這22季當中，有超過一半是在投資組合發出買進訊號後，接下來至少又一季發出一次買進訊號。灰色欄位是績效落後、隨後反彈的那9季。注意最左邊的欄位，順序並非都是連貫的。

圖表3-2 從2003年～2012年，標普500指數績效落後的季度

成長率低於3%的季度	該季績效（％）	下一季的績效（％）
Q103	-32	15.4
Q303	26	12.1
Q104	1.7	1.7
Q204	1.7	-1.9
Q304	-1.9	9.2
Q105	-2.2	1.3
Q205	1.3	3.6
Q405	2.1	4.2

成長率低於3%的季度	該季績效（%）	下一季的績效（%）
Q206	-1.5	5.6
Q107	0.6	6.2
Q307	2.1	-3.4
Q407	-3.4	-9.5
Q108	-9.5	-2.8
Q208	-2.8	-8.4
Q308	-8.4	-21.9
Q408	-21.9	-11.0
Q109	-11.0	16.0
Q210	-11.5	11.3
Q211	0.1	-13.9
Q311	-13.9	11.8
Q212	-2.8	6.3
Q412	-1.4	10.6

　　表格顯示了你不該貪婪，在最近一次買進訊號時，把所有債券餘額一口氣全轉進股市。該季的下跌可能是一次性的，就像2004年第3季，也可能是一個新趨勢的起點，就像2007年第4季。若你在2007年第4季一口氣把債券餘額全轉進股市，就無法利用往後5季更便宜的價格。

　　那是個不尋常的時期，幾乎每種管理債券餘額的方式，在這一波下跌中都把資金用光了，需要3％訊號術之外的現金，但照著指示的步調下單，會延長3％訊號術的購買力。

這在退休金帳戶或是定期撥款的一般帳戶，就能有效運作而且不會見底。

然而，即便在不常見的非常時期，這種調整購買規模的方式還是很好，因為除了讓債券部位超出金額回到20％的範圍，還可以避免擴大買單規模。只要債券占比回到20％，就要回歸到標準的買單規模。

(S) 當現金短缺，該怎麼因應？

到目前為止，已討論當債券部位的錢太多該怎麼做。但萬一發現債券部位現金太少呢？

前文介紹的方法可以在股市上漲趨勢中，引導我們跳過調整買單規模，並在接下來第一次碰到買進訊號時，一口氣賣掉債券部位的超額資金。除了賣出訊號之外，同樣的方法也能帶領我們避免賣掉多餘部份。

股市的向上偏誤（upward bias）代表應該儘可能運用資金，同時為股市下跌時的購買力維持合理的額度，也就是債券20％的配置，並在上升到30％時，進行再平衡到20％。當股市下跌時，則會以債券部位剩下10％為訊號，代表已經來到危險的低水位，應該補進更多現金。

你未必一直能補進更多現金，在這種情況下，應該等待市場反彈時，直接賣掉部分股票部位，重新充實你帳戶中的債券部位。市場通常會即時反彈，防止債券基金降到最低

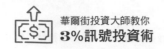

點。但並非總會如此，3％訊號投資術的債券部位餘額有時會歸零，次貸崩盤就是這樣。若沒有其他的存款可用，你將別無選擇，只能忽略買進訊號，直到見底的債券部位再次裝填銀彈。

你可能需要安慰，因為市場可能需要好幾季或好幾年的時間，才能讓帳戶的基本組合恢復元氣，這是好事。壞的是債券餘額在長時間裡始終趨近於零，於是你變成一個買進後長抱的普通投資人，只能在空頭時期長抱，坐立難安地等待股市反彈。

也就是說，你沒有現金能夠逢低買進，好好利用這次的反彈，但是也不會像許多零效度意見的追隨者，在最糟的時機出脫持股，而是等待景氣回春，股市再度上漲，並產生賣出訊號。

最佳作法是，當債券餘額快要見底時，就將更多現金轉進去。3％訊號投資術的構想是，讓你利用強勁的買進訊號，只有在股市長期低迷或是突然跌得很深時，債券餘額才會見底。無論哪種狀況，都是買進的好時機，這時候，零效度意見正陷入低潮，咬牙切齒地抱怨股市的各種問題。你只要債券部位還有餘額，就能峰低買進。

3-3

開設「底部購買帳戶」，
在股市觸底時逆勢操作

在大部分的時期，3％訊號投資術都有足夠的債券餘額，能為買進訊號提供資金，這要歸功於你定期的現金提撥，以及在股市強勁的季度發出的賣出訊號。

不過，儘管餘額見底的情況很罕見，還是應該做好準備，建立一個底部購買帳戶，額外存一些錢。當你周遭都是聽信零效度意見，而誤判情勢、紛紛恐慌拋售的人，你就能夠適時買進。

具體的作法是定期撥款至債券部位，一半因應股市成長目標，另一半留在債券基金。因為股市較常上漲、較少走跌，所以常見的挑戰是調度債券部位的超額資金，而不是煩惱餘額太少。

不過，每隔一段時間，股市就會發生大崩盤。這時候，若有一點額外的現金，就能靠崩盤獲利。3％訊號術將提示你如何採取行動，現在你需要確保是否擁有足夠的銀彈。

你可以慢慢存錢到底部購買帳戶，因為很少會動用到。

有一位名叫馬克的投資人，用自己的退休帳戶實施3％訊號術，時間跨越50個季度，從2000年12月至2013年6月。這段期間，隨著年薪從5萬4千美元成長到8萬1千美元，他提撥了典型的金額（提撥達6％時，公司會配比50％的提撥金額，讓退休金帳戶每月總提撥金額為月收入的9％）。

這50季中只有3季向馬克發出需要更多現金的訊號，其中包含史上最嚴重的一次股市崩盤。也就是說，這次3％訊號術發出賣出訊號的金額，馬克的債券部位只拿得出94％，剩下6％需要額外資金。94％的危險信號很容易解除。這表示將有大把時間在你的底部購買帳戶貯存一點銀彈，以備不時之需。

你不必每月或每季都存錢，而是每當有一筆額外進帳，而忍住不要為小房間鋪地毯或是讓全家人做牙齒美白時，就存進底部購買帳戶。這些偶然發生的存款會積少成多，但若是定期撥款會更好，不僅可以做為應急用的儲備金，還能充實底部購買帳戶。

比方說，公司定期發放的獎金、生意獲利，或是收到餽贈、退稅、賣出資產等等。這類非定期的收入是底部購買帳戶很好的資金來源。這種安全資金帳戶屬於什麼類型都可以，不管是券商的還是銀行的。

另一個方案是再設立一個帳戶，固定提撥一定比例的薪資。你或許會將與日俱增的薪資分配給其他目標，但不管怎樣，你可以把錢存進底部購買帳戶，例如：設定薪資成長的

5％，或其他適度的百分比。在幾乎所有的時間中，底部購買資金都不會動用，但可以確保還有更多現金可供急用。

(S) 提撥多少錢到底部購買帳戶？

底部購買帳戶裡應該要有多少錢？其實怎麼設定都行，但我偏好定位為第二個20％。你已在運作3％訊號投資術時，維持20％的債券部位，而且在餘額太大時減少金額，在餘額太小時補錢，來持續保持平衡。因此，你也能持有一個規模相同的底部購買帳戶餘額。

無可否認，執行起來並不簡單，因為總金額可能很可觀，但你有很多時間慢慢建置，而且一開始的餘額比較好管理。例如：起始金額是股票8千美元、債券兩千美元，這時底部購買帳戶應該是另外加2千美元。隨著時間過去，當退休帳戶餘額來到兩萬、債券部位有4千美元時，底部購買帳戶總額應該是4千美元。

當2000年年底時，3％訊號術的起始金額是股票8千美元、債券2千美元，每季提撥金額300美元，在2003年第4季總額來到兩萬美元，在2006年第一季更達到3萬美元。這時候，底部購買帳戶要增加兩千美元，以符合4千美元的目標，在3年期間，另一次要增加兩千美元相隔了兩年。

當次貸崩盤導致你在2008年第4季債券部位歸零，在接下來兩季的大跌無法買進，你可能會在這兩年期間，想在底

部購買帳戶再加1千美元，總共準備7千美元。3%訊號術在2008年第4季期間所需要的資金，已夠買到80%，相對於當時大部分人都在出脫持股，其實還不賴。

請記住，這兩季是3%訊號術所發出最極端的買進訊號，當時股市正經歷最嚴重的跌幅，核心標普小型股ETF在2008年第4季跌了26%，在2009年第一季跌了17%，這非常罕見，因此能夠處理這兩次買進訊號的一半金額就很好了。

所以，要另外建置一個「以防萬一」的現金部位並不容易，但還是可能做得到，也值得這麼做。而且萬一有急用時，有筆額外現金的風險是什麼？什麼問題都沒有。

在次貸風暴的股市崩盤，你會很開心「該逢低買進」，到2009年底，核心標普小型股ETF已經從2008年第4季的谷底反彈了26%，而這讓3%訊號術在2009第一季發出的買進訊號，大賺了52%。

最危險的時刻，也是獲利的好機會

假如股市這3年都一路走跌，耗盡債券餘額和底部購買帳戶，以及你能籌到的所有現金，但3%訊號投資術還一直叫你買更多，這就是最大的關鍵時刻。

我說這是最大的關鍵時刻，並非因為股市把讓你畢生的積蓄蒸發掉了，而是在這一刻你最容易做錯事，像是在底部全部贖回，因為你已耗盡帳戶裡的所有銀彈，卻一無所獲，

而且覺得股市將永遠也不會反彈。

　　其實，這時候對採用「買進後長抱」與「定期定額」的投資人來說，也是非常煎熬。如同你所知，3％訊號投資術之所以具有優勢，是因為可以避免陷入這個局面，即便為了追求高報酬，在有驗證支持的情況下集中投資小型股。但是，**無論你做足多少準備，股市還是有可能嚴重崩盤，毀滅你的購買力。**

　　若你曾以3％訊號術的20％債券部位經歷過一場大跌，也設立一個規模適中的底部購買帳戶，市場卻還是耗光你的資金，那麼你面對的可能是目前最大的股災。

　　假設你身處空前的股災、股價震盪，你被痛擊在地上、錢都沒了，你企圖找到我的電話號碼，告訴我：「真是謝謝啊，這跟你說的情形不太一樣。」那麼，請看看我告訴你什麼？買進。若你買不了，次佳的作法是什麼？抱著。這時候，什麼都不做，勝過任何一個買進後長抱的投資人，因為你有個優勢就是訊號。

　　當訊號提醒時，你可能買不了，但知道最終是對的，理由是現在的低價會成為往後的高價。即使你無法照著訊號操作，還是能有等待反彈的信心。

　　做好情緒準備，是在某些人生艱困時刻找到正確方法的關鍵。當這一刻來臨時，你不會感到意外，而是告訴自己：「我知道有這個可能，雖然想要逃離痛苦，不過我知道出場是個錯誤，因為股市終將反彈，必須關掉新聞。3％訊號術

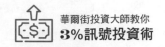

的訊號提醒我應該買進，不過已經沒錢了，所以繼續抱著。這是最大的危險時刻，因為我若是在底部出場，這個情緒化、不理性的行動會使多年的努力付諸流水。」

　　若你足夠聰明，並準備充裕的現金，這種情況將永遠不會發生，或是極少發生。若真發生在你身上，請做好準備觀察訊號，並持續全額投資於小型股ETF。總有一天，這會值回票價。

3-4

依照年齡與收入調整股債比例，使獲利更穩健

在你有薪資進帳的時期，基本的股債比80：20對你最有幫助。然而，隨著年紀漸長，你會想要把股票部位調低，把債券部位調高一點，建立更安全的組合。3％訊號投資術讓這麼做變得很輕鬆，而且你還是需要兩檔基金。我們不希望當中有任何風險或人為判斷。

所以，圖表3-3是我建議的調整基本比例時間表，以及你應該再平衡以回到目標股債配比。

圖表3-3　3％訊號投資術目標配置時間表

距離退休幾年	股票配置（％）	債券配置（％）	再平衡需達到的比例（％）
至少還有10年	80	20	30
5～10年	70	30	40
0～5年	60	40	50
退休	50	50	55
退休5年	40	60	65

距離退休幾年	股票配置（％）	債券配置（％）	再平衡需達到的比例（％）
退休10年	30	70	75
退休15年	20	80	85

對許多理財規畫師來說，這或許太過簡單，他們喜歡向你展示複雜的研究，好像數字越精準就能預測更多事情。

我曾看過一個實例，建議50歲的人配置41％在美股，17％在國際股市，33％在美國債券，8％在國際債券，還有1％給通膨保值債券（Treasury Inflation-Protected Securities, TIPS，譯註：由美國財務部發行、與消費者物價指數掛鉤的債券）。有些人可能要花很多時間，才能看懂這樣的配置。

3％訊號投資術包含了理財規畫師想要達成的安全措施：增加資產類別的配置。在這些資產類別之間，唯一重要的區別是波動程度，你應該把波動視為電燈開關，不是開著就是關著。在運作3％訊號術時，股票的部分是波動，而債券的部分則不是。在你有薪資進帳的期間，維持80％的資金在波動最大、績效最高的資產類別，而小型股將產生最好的績效。20％的債券部位將在股市大跌時，提供更多購買力提升獲利績效，並提供情緒上的安定感。

如果你將在10年內退休，建議降低股票占比至70％，提高債券占比至30％，並在債券部位達到40％時，進行再平衡。若債券部位達到40％，將利用下一個買進訊號，把超

出的金額轉進股票部位，重新回到你的配置目標70：30。如果5年內退休，則把配置目標調整為60：40，以50％為再平衡的調整點。在你退休之後，建議每5年減少股票10％的占比，直到股債比為20：80，而再平衡的調整點為債券達到85％的時候。

　　薪資是資金成長的引擎，3％訊號術在你有薪資進帳的期間最好用。你收入增加的錢加上退休前股市反彈的潛力，提供了成長的燃料與空間。接近退休與進入退休時，保本與收益變得比資金成長更重要。提高債券占比處理了你的保本需求，並提供收益。

　　你可能會推斷，3％訊號投資術在你工作期間發揮作用，但現在退休了，也想停止執作3％訊號術。若是如此，你或許會放棄實施3％訊號術，並採用傳統的退休金規畫，例如：3分之1的資金放在會配息的大型股指數，3分之1放在債券指數，另外3分之1則是國庫券與現金。這樣的組合不會成長太多，也不會虧損太多，在退休時是可以接受的。

　　無論是繼續執行3％訊號投資術，為了將退休後的大部分收益分配給債券，或者因為支持退休後保守投資組合，而不再執行3％訊號術，你都只需要決定，如何處理在有工作收入的時期，由3％訊號術的股債比80：20組合所產生的大筆資產。

　　只要你不會突然失去理智，開始根據零效度意見進行交易，你應該就不會有事。

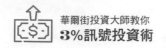

3-5

啟動自動投資機制，讓你對股市起伏冷靜若定

當你運作3％訊號投資術時，增加了這些管理資金的技巧，你等於有了讓退休金成長無懈可擊的方式，且不受任何零效度意見或事後諸葛的干擾。

你將根據你的成長目標定期撥款，撥款金額的一半進入股市，另一半留在債券部位。這會讓你每季有一半的新資金在股市裡有效運用，提供比定期定額法更優渥的報酬，而你也會留一半資金在債券，這是為了未來的購買力。

假如股市長期上漲或是正在泡沫化，3％訊號術要你賣掉股票部位，讓債券部位的占比超過30％，那麼你將在下一次買進機會來臨時，自動再平衡回到20％。若市場正在走跌，並大量拋售你指數型基金裡的成份股，那麼在幾乎所有情況裡，你都能用你保留的債券部位餘額買進更多股份。

在很罕見的偶然情況裡，極端的跌勢會耗盡你採行3％訊號術時的債券部位餘額，這時你要運用底部購買帳戶的存款，在這樣非比尋常的便宜價格買進。若是連這個帳戶都見

底，你要遵守訊號留在股市裡等待反彈。

　　3％訊號術有效運用你提撥的現金，不論時機是好或壞，不論在高量轉折（inflection points）或是低量上漲。你看著這個機制的每季成效，知道自己掌控著一切，而且不必在煽動錯誤熱情的頭條風暴中耗費心力。

　　大部分時間，你的債券占比會維持在20％附近，達到基本的股債比80：20。若債券占比是30％，你會在下一次的買進訊號，把超出的金額轉進股票部位。當你這麼做，而零效度意見幫派討論著市場這一季令人失望、看來會再跌得更深，你將用買單好好利用這一點，並繼續對市場下一步走向保持不可知的論點。

　　3％訊號投資術可以根據你修正後的成長目標，操作你的提撥金額，而其再平衡的技巧讓你的債券部位維持在正確占比，也有足夠彈性應付生活中最糟糕的情況。

　　當你的薪資成長、每季提撥金額提高時，只是增加成長目標的撥款金額。一旦碰上暫時性的失業，無法提撥每季的金額呢？沒問題，只要把提撥金額降為零元即可。如果獲得一筆意外之財，想要加進3％訊號術呢？請把這些錢放入債券基金。

　　若是讓債券占比為30％，3％訊號術會通知你，何時把這筆意外之財轉進股市，並且讓股債比回到80：20。隨著年齡漸增，你將調整這個基本比例，減少股票占比而增加債券占比。

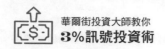
　　建議你別受零效度意見的影響，因為你將輕輕鬆鬆就贏過這些專家。運用3％訊號術的技巧與一台簡單計算機，每年只需要確認4次，而他們每天講到嘴巴起泡，只創造出噪音而已。

3-6

重要的5個步驟，每一季只須執行一次

　　現在你對如何操作3％訊號投資術，已經具備足夠的知識。你知道最適合操作的是退休帳戶，因為你能照著賣出訊號操作，又不必擔心稅務問題。

　　不過，**無論你擁有的是不是退休帳戶，都能操作3％訊號術。就像各式各樣的廚房都能存放不同的食材，不同類型的帳戶也能存放各種投資選項**。你在不同廚房烹調同一道菜，最後味道可能很類似，你在任何帳戶操作3％訊號術，結果也會很接近。

　　不管在哪裡操作，實施的關鍵是相同的投資選項，以及每季進行交易的能力。3％訊號術只需一檔股票基金與一檔債券基金，因此在任何帳戶都行得通。接下來，將詳細解說每季的操作程序，讓你知道如何運用指數型基金，自動維持低成本。

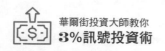

操作3％訊號投資術，要注意2種情況

具體來說，在每一季結束時，你會確認核心標普小型股ETF（或任何一檔你使用的股票基金）的餘額。若成長超過3％，再加上你每季提撥金額的一半，你賣掉超出的部分轉進債券基金。若餘額剛好在目標線上，你就不賣出。若餘額低於目標線，你賣出債券基金，賣出的金額要讓股票基金達到該季目標線。

你需要注意2種情況：一是債券餘額是否達到帳戶的30％，二是大盤是否從近期季收盤價的高點，跌幅超過30％。

簡單地說，**這個流程包含以下5步驟：**

1. 確定該季的訊號線。將上一季股票基金餘額的季收盤價乘以1.03，就代表3％的成長，算出來的數字再加上你每季提撥金額的一半。

2. 從訊號線中扣除目前的股票餘額。若數字為正就買進，若接近零就抱著不動，若數字為負則賣出。將數字除以目前的股價，確定要買賣多少單位，最好四捨五入成為整數。

3. 若訊號顯示買進，先賣出適量的債券部位，來支付你

股票部位的買單。若訊號是賣出，把股票部位賣掉的
金額轉進債券部位。

4. 若訊號顯示賣出，確認你的債券配置依然低於觸發再
平衡的臨界值。若達到30％或更高，註記下一次出現
買進訊號時，要把超出的餘額轉進你的股票基金，讓
債券部位回到配置目標，而這個目標在你一生大部分
時光都是20％。

5. 核對SPDR標普500指數ETF的季收盤價，是否從近兩
年的高點下跌30％。若是如此，就會啟動「跌30％不
出場」的規則，不要理會接下來四次賣出訊號。這種
情況極為罕見，但如何正確應對則至為關鍵。

以下用數字計算，詳盡解說5步驟：

1. 舉例來說，假設上一季股票基金餘額是12,845美元，
而該季提撥660美元，顯示如下：

$12,845 \times 1.03 = 13,230 \rightarrow$ 這是本季的3％成長

$660 \div 2 = 330 \rightarrow$ 這是你每季提撥金額的一半

$13,230 + 330 = 13,560 \rightarrow$ 這是本季的訊號線

在你完成本季的操作之後，訊號線會成為股票基金的
最終餘額，下一季要在這個數字上再成長3％。

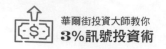
2. 繼續步驟1的訊號線，以下是用最近餘額12,976美元、股票價位在49.17美元計算出的結果：

13,560美元 12,976美元＝584美元 → 要買進價值584美元的股票基金

584美元÷49.17美元＝11.88 → 在49.17美元價位買進11.88個單位

以下是用最近餘額14,110美元、股票價位在53.47美元計算出的結果：

13,560美元 14,110美元＝ 550美元 → 要賣掉價值550美元的股票基金

550美元÷53.47美元＝ 10.29 → 在53.47美元價位賣掉10.29個單位

在現實生活中，把這個數字四捨五入成整數會比較方便。例如：下單12個單位，會比買進第一個算式的11.88個單位容易；賣掉10個單位，也比賣掉第二個算式的10.29個單位簡單。這樣做不會造成實務上的差距，因為淨獲利逐步增加，而且有時是四捨、有時是五入，整體將沒有影響。

3. 在步驟2，是買進價值584美元的股票基金，以下是以債券價格11.83美元計算的結果：

584美元÷11.83美元＝49.73　→　在11.83美元價位賣掉
債券基金49.73單位

若該季訊號是賣出，要確定馬上把賣出金額轉進債券
基金。現在都有快速下單服務，可以在賣出後沒多久
便把金額轉進債券基金。只要在同一個平台登入，就
能完成所有操作。

4. 把債券餘額除以帳戶總餘額，若小於0.03，什麼都不
用做。若剛好是0.03或更高，註記下一次出現買進訊
號時，要把超出的餘額轉進股票基金，讓債券配置回
到20％。經過步驟二的賣出訊號後，以下是以債券餘
額2,416美元與帳戶總餘額15,976美元計算的結果：
2,416美元÷15,976美元＝0.15　→　債券部位餘額的占
比是1.5％

若債券餘額是4,793美元或更高，會觸發30％這條
線，必須註記下次出現買進訊號時，把超出額轉進股
票基金。

5. **啟動「跌30％不出場」規則的大跌通常很明顯，因為
這會占滿財經版面。**但是，你努力與時事斷開連結，
只追蹤季收盤價，而且無所動搖。不過，即使徹底與
新聞隔絕也會注意到，你的債券配置因為每季的股市
走跌，而發出買進訊號。

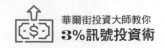
　　所以，要養成習慣，留心SPDR標普500指數ETF，看看是否跌到足以觸發「跌30％不出場」的規則。

　　為了協助你運用這5步驟，我已建置免費的線上工具，對這些工具與其他本書相關資源有興趣的讀者，請上：jasonkelly.com/3sig。

執 行 摘 要　**／03**

　　定期提撥更多現金，在長期投資計畫裡相當常見。3%訊號投資術處理轉進帳戶的現金，方法可說是獨一無二。有一大筆錢就應該慢慢投資，將定期撥款先投入債券基金，而其中轉為股票的部位將貢獻3%訊號術獲利的成長。

- 為了避免大筆現金投入股市後馬上遇到大跌，把現金分成4等份，並且在接下來4個買進訊號分批入市。
- %訊號術的目標配置基本款是股票80％、債券20％，這個比例會隨著市場而波動。當債券部位達到30％，要進行再平衡，回到80：20的配置。
- 股市會隨著時間上漲，所以要把部分現金放在債券基金，以維持適當的配置與購買力。
- 現金提撥金額的最佳分配方式是分成兩半。先將新的現金全部投入你的債券基金，但其中一半用於成長目標，也就是準備轉進股市。成長目標的公式是：股票餘額＋3%成長率＋50%新現金。
- 在你有薪資穩定進帳的時期，基本的股債比為80：20，合理的波動區間介於70：30與90：10。當年紀漸長，建議修正股債配置，降低股票並提高債券的占比，連帶調整觸發再平衡的機制。
- 若債券配置觸發了季度的再平衡（當股債比80：20時，是30％），利用下一次的買進訊號，把超出的債券餘額轉進股票基金，回復到目標比例。

- 另外設置一個「底部購買帳戶」，讓你能慢慢存錢，平時幾乎不會需要動用。當碰到罕見的買進機會，而訊號要求的金額超出債券部位的資金時，這個帳戶為你提供投資動力。
- 若債券餘額與底部購買帳戶都已見底，你將可能會犯錯，也就是認賠殺出。但3%訊號術依然會透過買進訊號，鼓勵你繼續長抱，等待最終的反彈。

The 3% Signal

NOTE

第 4 章

比較3種投資法，為何我的在50季後獲利最高？

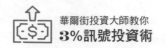
4-1

3種類型的投資人，展開 50季績效競賽

　　現在，你已知道運用3％訊號投資術所需的一切。這個方法簡單易懂，你也了解每個環節，但很難想像在變化莫測的股市裡如何操作。因此，我們將觀察投資人在一段期間內如何運用3％訊號術，以及與其他投資法在相同條件下進行比較。希望你能確實感受到它的威力，不僅讓生活更輕鬆，同時獲利更多。

　　基本上有3個人物設定，其中2位受零效度意見干擾、因波動而焦躁，另外1位則是實施3％訊號術。這3位投資人都在而立之年，在同一家資訊公司工作，各有不同的數據科學專業，家庭狀況也不盡相同。

　　蓋瑞特已婚但沒小孩，莎瑪是有2個小孩的單親媽媽，馬克則是有3個小孩。2000年時，他們的年薪都是5萬4千美元，也就是每月4千5百美元，然後都提撥6％（270美元）到公司的401（k）帳戶。作法是，假如員工提撥6％薪資，公司會相應提撥50％到員工帳戶，因此每月提撥的最終金額為

405美元，每季就是1,215美元。然後，3個人投資帳戶的起始金額都是1萬美元。

　　蓋瑞特一直都對股市興致勃勃，20幾歲時讀過交易方面的書，參加過技術分析研討會，也開了個人證券帳戶，總試著自己選股，結果有賺有賠，但覺得將來會漸入佳境。蓋瑞特看了公司的401（k）方案，發現當中提供許多共同基金，還有期權交易，這樣他想要買賣什麼都行。他認為網路泡沫後有很多便宜可以撿，等股價反彈就會有可觀的獲利。

　　莎瑪最擔心怎麼靠一份薪水養兩個孩子。她不想被華爾街的報導搞的心煩意亂，所以會讀一些財務規畫的書，也去社區大學研修資產配置的課程。她很高興公司的401（k）方案裡有主流共同基金，這樣就能建立退休的投資組合，一方面從股市的長期成長中獲利，同時把部分資金放在穩健的債券基金裡。

　　馬克則是個愛家好男人，準時上下班，儘可能陪伴妻子和3名子女，和莎瑪一樣，希望遠離華爾街的噪音，但知道想過穩當退休生活需要靠股票獲利。他研究資產配置的安全性與成長性，注意到光打安全牌達不到累積財富的目標。

　　馬克研究了股票指數型基金，發現它不僅成本低，績效也更好。然後，他偶然發現了3％訊號投資術。**在所有的投資方法當中，馬克最喜歡3％訊號投資術，因為只要鎖定成長潛力最高的小型企業股，搭配債券提供穩定性，而且每季只要根據訊號交易一次即可。**

　　而且，3％訊號術也在經濟衰退時提供購買力，這是他過去用定期定額法沒有經歷過的。**由於3％訊號術是運用低成本的指數型基金，獲取較高利潤，而且壓力比較小，因此馬克決定採用。**

第一種類型：自行選股法的蓋瑞特

　　當2000年12月初開始運作401（k）帳戶時，納斯達克指數從3月10日的高點下跌45％。

　　蓋瑞特認為，在媒體上每天都被重砲轟擊、像皮球洩了氣的網路股，提供了許多潛在價值。回頭看這些泡沫——傑迪訊光電公司（JDS Uniphase）、北電網路（Nortel）和西克莫（Sycamore）等，覺得終於有機會撿便宜，蓋瑞特禁不起事後諸葛的誘惑，也知道自己挑股會很辛苦，但是值得。

　　蓋瑞特決定參考名聲響亮的賈各網路基金（Jacob Internet Fund），雖然這檔基金的股票組合出了差錯，遭到許多抨擊，但蓋瑞特認為，賈各網路基金幾年內就將東山再起。當新進投資人為了追網路成長股而擠破頭時，估計屆時他的持股已經翻個2、3倍。

　　小蘭登・托瑪斯（Landon Thomas Jr.）10月在《紐約觀察報》（*New York Observer*）中指出，網路投資界的明星賈各在1998年把20萬美元變成2,500萬美元，打敗其他共同基金績效奪冠。但最近他的基金虧損54.1％，排名敬陪末座，

並諷刺賈各的第三大持股，名為網路村（iVillage）的公司，在1999年4月時每股達100美元，如今只剩3美元。

蓋瑞特決定大膽一試，把他的1萬美元，一半投入買各網路基金，另一半則買傳統股票基金，以防網路股反彈無力。他選擇了瓦薩奇小型成長股基金（Wasatch Small-Cap Growth），在這檔基金榮登財經新聞與知識網的「長期基金經理人掌管的小型成長股基金」榜首。

從1986年創立開始，經理人傑夫·卡登（Jeff Cardon）便掌管一切，而他過往的成績相當不錯。多虧了卡登的績效衡量法，根據晨星的報告：「在過去1年、3年、5年與10年投資期間，這檔基金打敗了75％的對手。」

另外，蓋瑞特選擇了專注科技類股、潛力更雄厚的駿利亨德森環球科技基金（Janus Global Technology）。因為他10月時在財經新聞網站「市場觀察站」（MarketWatch），讀到一篇文章：

根據基金評價公司魏森柏格（Wiesenberger）的近期研究，發現環球科技基金的標準差低於單一國家的科技基金，是47.65比61.62，這代表每日的收盤價都沒有偏離平均價格太多。

若把一檔環球科技基金納入一個全部投資單一國家的投資組合，能降低投資組合的整體風險，因為外國股票的波動不像美股那麼大，於是你可以降低美股大跌的風險。

規模最大的全球產業基金是駿利亨德森環球科技基金，1999年頭一年募資，規模便高達100億美元，報酬率為211.55％。但今年表現差不佳，截至9月30的報酬率為0.68％。

蓋瑞特看準「表現不佳」這個部分，認為這是科技股「反彈」前可以入手的便宜價。納斯達克指數從3月10日的高點跌到11月底，買各網路基金已經下跌81％，瓦薩奇小型成長股基金跌了4％，而駿利亨德森環球科技基金則跌了51％。

也就是說，蓋瑞特在2001初始投入的1萬美元，分別配置在買各網路基金5千美元、瓦薩奇小型成長股基金2,500美元、駿利亨德森環球科技基金2,500美元。同時指定每個月將405美元，以相同比例分配給這3檔基金。

我們不難理解，蓋瑞特看中這3檔基金有如壓縮彈簧一般，似乎將開始反彈，但它們的基本費用等投資成本，卻不怎麼令人欽佩（見圖表4-1）。

圖表4-1 蓋瑞特的初始費用比例

基金	費用比例（％）
買各網路基金	2.87
瓦薩奇小型成長股基金	1.26
駿利亨德森環球科技基金	1.00

　　或許蓋瑞特將大賺特賺，完全不用理會費用問題。零效度意見的高成本基金在銷售時，都會這樣掛保證。到了2001年，蓋瑞特斷定，即將到來的反彈將證明他是對的，屆時他會變得更有錢。

💲 第二種類型：定期定額法的莎瑪

　　莎瑪採取截然不同的作法，網路泡沫使她失去工作，賠掉退休帳戶裡一大筆錢，因此她變得非常謹慎。在新的起步，她想要把風險降到最低，剛到公司報到時，便向理財規畫師表示，自己的退休帳戶不要持有股票基金。但是，規畫師在確認她的預期報酬後，建議她把帳戶裡80％的資金投入股市。

　　莎瑪對此感到不安，但現在距離退休還很早，而且規畫師說長期來看股價總會反彈，於是她深吸一口氣，勉為其難地同意將80％的資金投入股市。

　　於是，莎瑪仔細研究晨星評等，開始挑選基金。她閱讀了許多財經文章，有些會表示某位基金經理人是市場老手，「在時間的考驗下屹立不搖」。若基金經理人是新秀，有些則指出她或他「前程似錦，為績效帶來新氣象」。這些繁雜的研究資料很容易令人吃不消，但莎瑪不是笨蛋，很快就看出其中的模式，開始進行評等與歸類。

　　莎瑪想把大部分資金投入美國大型企業股基金，其成分

都是令人比較安心的績優股，而且對投資單一產業或任何正夯的股票不感興趣。因此，她將富達全球成長與收益基金（Fidelity Growth & Income）和長葉夥伴基金（Longleaf Partners）列為首選。

富達全球成長與收益基金在2000年底時非常火紅，經理人史蒂夫・凱伊（Steve Kaye）建構防禦性的投資組合，在科技股暴跌時，用價格低廉的醫療類股與穩定成長的金融類股來加以調節。晨星分析師在2000年11月指出，凱伊的謹慎態度為保守的投資人帶來長期效益，是個穩健的選擇。莎瑪覺得這很理想，於是將退休帳戶四分之一的錢，投給富達全球成長與收益基金。

長葉夥伴基金的經理人梅森・霍金斯（Mason Hawkins）表現得像是一位睿智的長者，不管發生什麼事，都會將投資人的錢操作得越來越多。即使經歷納斯達克3月的崩盤，這檔基金在第2季還是賺錢。

霍金斯告訴《紐約時報》，他不會改變26年來的操作方式。長葉夥伴基金的評等很高，經理人頗有名望，而且極力遠離網路股狂熱。因此，莎瑪把退休帳戶的四分之一資金，投入長葉夥伴基金。

莎瑪還得配置30％給股票，理財規畫師推薦國際型基金，這可以分散美股的風險。公司401（k）方案中有兩檔國際型基金，引起莎瑪注意，那就是藝匠國際基金（Artisan International）與普信全球股票型基金（T. Rowe Price

International Stock Fund）。

　　馬克‧約克奇（Mark Yockey）自1995年起掌管藝匠國際基金，媒體對他一片讚揚。這檔基金追蹤長期趨勢，從全球股市中，找出擁有最佳商業模式並獲利成長的企業，搭配出最便宜的組合。

　　但真正讓莎瑪決定將15％資金投資藝匠的原因，是**晨星的報告指出，該基金的波動率始終都居於平均值，而費用比例卻持續降低**。關於15％的外國股票部位，莎瑪配置給普信全球股票型基金。該基金的報酬率持續超前對手，在過去10年內，大約以每年1％的幅度領先。

　　最後，她用剩下的20％資金購買債券，一半投資奧本海默環球策略收益基金（Oppenheimer Global Strategic Income Fund），一半買進太平洋總回報債券基金（PIMCO Total Return）。吸引莎瑪的是安全性，該基金有800個收益來源，能吸收各種波動造成的衝擊。

　　太平洋總回報債券基金的經理人比爾‧葛洛斯（Bill Gross），就像長葉夥伴基金的霍金斯，是個業界傳奇。晨星分析師評論，葛洛斯一有動作，投資圈就會注意。他買下很多帶有買回協議（Buyback）的長期國庫券，降低市場供給，讓他買的債券上漲。他多年的成功使得該基金的10年期報酬，被評價為同類型中最佳。

　　從納斯達克的高點到11月底，太平洋總回報債券基金在平均每月支付每單位5美分、9個月共支付0.48美元的債息之

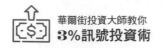
後，還上漲9％。

莎瑪喜歡債券為投資組合帶來的穩定性，特別是結合安全的股票基金。她心想，將四分之一的資金交給霍金斯、10％交給葛洛斯，一定很穩當。也就是說，莎瑪的退休帳戶有超過三分之一錢託付給業界傳奇人物，剩下的三分之二則配置給備受推崇的基金經理人，他們都以低波動獲得高報酬而聲名遠播。

莎瑪做足功課，每個月的405美元將依照初始金額的比例，配置在這6檔基金上，以追求穩定可靠的成長。她採用定期定額法，請頂尖基金經理人代勞，唯一沒仔細留意的是投資成本（見圖表4-2）。

圖表4-2 莎瑪的初始費用比例

基金	費用比例（％）
富達全球成長與收益基金	0.71
長葉夥伴基金	0.19
藝匠國際基金	1.19
普信全球股票型基金	0.49
奧本海默環球策略收益基金	1.85
太平洋總回報債券基金	0.75

莎瑪的費用比例比蓋瑞特的低，但是比指數型基金高出許多。同時，若6年內贖回奧本海默環球策略收益基金，還

必須支付佣金，但是莎瑪沒有理會，因為她要做的是長期投資，而且理財規畫師說這檔基金在業界很有名且頗受歡迎，並表示莎瑪配置的美股、國際股與債券的比例，在她這個年齡來說相當正確，兼顧多樣化與安全性。

第三種類型：3％訊號投資術的馬克

馬克的財務規畫是最容易開始的，他在進公司的前一年就已決定，不論主動式資產管理多麼受到吹捧，或是名聲多響亮，他都不會考慮這種投資方式。他發現低成本、績效佳的指數型投資法之後，便著手尋找可讓退休資金成長的最佳方式。一開始，他只考慮定期定額法與3％訊號投資術。

在上一份工作時，馬克採用定期定額法，建構一個股票指數基金的投資組合，在1990年代進展順利，但是遭遇網路泡沫之後，因為資金全部押在股市上，只能眼睜睜看著獲利慢慢流失。

若在一年前的高點賣掉，1999年底或2000年初就可以全身而退。但是，當價格開始下跌，依據定期定額法要每月繼續買進時，他也這麼做。問題是，相較於每個月從帳戶裡消失的金額，這簡直是杯水車薪。

馬克希望在崩盤底部可以有多一點實質購買力，於是想起3％訊號投資術。

在之前6個月失業期，他為了讓妻子和3個孩子溫飽，而

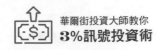

贖回所有股票型基金，於是更加堅定要把錢儘可能擺在最安全的地方。因此，馬克這次一被公司錄取，立刻思考要如何配置新的401（k）帳戶，以及要用定期定額法還是3％訊號投資術。

有一天，馬克問妻子：「到底哪裡出了差錯？」她回答：「股市崩盤了。」

馬克說：「我知道，股市有時會崩盤，但如果每次崩盤都會坑了我的退休帳戶，那一定是哪裡做錯了。」

妻子提議也許應該做更恰當的投資，於是馬克在他的401（k）方案著手實施3％訊號投資術，將初始金額1萬美元依80:20比例，配置給股票與債券。由於公司方案的選項有核心標普小型股ETF，馬克打算運用在股票部位，在債券部位則有先鋒吉利美。

2001年初，馬克買進8千美元的核心標普小型股ETF與2千美元的先鋒吉利美。每季還將1,215美元的一半，撥給季末的3％訊號目標，而另一半則是留在債券部位儲備購買力。若債券比例達到30％，就在下次買進訊號出現時，將超出的餘額轉進核心標普小型股ETF。

假如市場的季度收盤價跌幅超過30％，就啟動「跌30％不出場」規則，不理會接下來的4個賣出訊號。圖表4-3整理了馬克支付的費用比例。

圖表4-3　馬克的初始費用比例

基金	費用比例（％）
核心標普小型股ETF	0.16
先鋒吉利美債券基金	0.21

　　馬克的費用比例依照配置換算後是0.17％，比蓋瑞特的2.00％和莎瑪的0.92％都低很多，讓他的投資組合有顯著的優勢。事後諸葛與主動式基金經理人都承諾投資人，費用較高自然報酬率更好，但是時間會說明一切。

　　這3位投資人做好上述準備就要出發，隨著新工作開始運作新的401（k）方案。

4-2

第1年：911恐怖攻擊，導致股市重創

　　蓋瑞特、莎瑪、馬克的薪資與退休金，在他們走馬上任的第一年都固定不變。網路泡沫尚未結束，到了9月還發生一件大事：911恐怖攻擊。

2001年4月

　　最早遇到困難的是蓋瑞特。3月底，初始的1萬美元外加每月投入405美元，帳戶餘額跌到7,629美元。他和莎瑪、馬克共進午餐時透露，包括新投入的215美元，賠了快24％。原本以為買各網路基金會飆漲，1月確實上漲18％，但從去年買進到現在，整體算起來卻是下跌46％！

　　莎瑪說：「你應該要轉為更安全的投資標的，1年前這些網路垃圾也讓我虧一大筆，所以這次我買了比較穩定的基金組合。」

　　「我不要穩定，」蓋瑞特笑著回答：「總之，我的其他

基金表現也沒多好。瓦薩奇小型成長股基金第1季跌了11％，駿利亨德森環球科技基金跌了30％。」

「我不知道你怎麼受得了，」馬克說：「你打算怎麼辦？」

蓋瑞特說：「還不確定。分析師說科技股的獲利依然很差，很多人甚至認為這一整年經濟都不好，不光只有科技業。我考慮先出場，等價格更低再買回。你們呢？」

「我啥都不會動，」莎瑪說：「理財規畫師和我一起建立一個投資組合，有6檔基金。奧本海默和太平洋債券基金、富達全球成長與收益基金會配息，我再將這些所得投進去。我挑的基金比較安全，所以在波動劇烈的季度不必做太多操作，配息和提撥的現金會穩定獲利。」

蓋瑞特聽了不太開心，重申他相信在這一年能後來居上，只要先出場並在更低的買點重新進場即可。

「但你12月時不是已經試過了？」馬克問：「我記得你說網路泡沫讓科技股變得超便宜，如果你的目標是投資便宜的科技股，在低點繼續買進現有的基金不是更好嗎？」

蓋瑞特說：「如果很快就會反彈，那是自然，但如果繼續跌跌不休就不是這樣了。我想我會這樣繼續操作一陣子，穩定提撥現金。馬克你呢？」

「我從頭到尾只做一件事」馬克回答：「每一季的季末都遵循相同流程。檢視股票基金是否達到3％的成長目標，外加每季提撥一半的現金給債券基金。若達標就什麼都不用

做,若沒達標則用債券基金的錢去買股票基金,買到達標為止。如果股票基金績效超過3%,就贖回股票基金回歸目標,用贖回的錢買債券基金。」

「那這次你怎麼做?」蓋瑞特問。

馬克回答:「買更多股票基金。因為股票基金跌了6%,所以本季沒有達標。不過,債券基金還行,本季漲了近3%而且有配息,所以我有很多現金能把股票基金補到達標。我的退休帳戶在本季季末,比先前成長了約8%。」

「你選到好基金,」蓋瑞特說。

馬克說:「我都買指數型基金。股票基金追蹤標普小型企業600指數,而債券基金持有政府不動產抵押貸款證券。當中沒有人為判斷。我喜歡這樣。長期來看,主動型基金的投資績效跟指數比都很糟糕;何況費用還比較高。」

「我的基金經理人都是業界最優秀的,」莎瑪說:「他們打敗了指數,我只挑高評等的。」

「是啊,不是所有人的長期投資績效都輸給指數。」蓋瑞特附和。

2001年9月

2001年9月11日,恐怖攻擊讓股市關閉了一週。等到股市重新開盤,價格暴跌,讓蓋瑞特的投資組合再次受到打擊。**恐攻後的第1個交易日,9月17日週一,道瓊下跌**

7.1％，是當時史上單日最大跌幅，納斯達克也跌6.8％。光是9月，買各網路基金就蒸發27％，整年共流失71％。瓦薩奇小型成長股基金則跌了6％，駿利亨德森環球科技基金下跌54％。

儘管如此，蓋瑞特還是用每月提撥的錢，以更低廉的價格持續買進，但他的帳戶餘額從年初以來已縮水26％。有一次午餐時間，他告訴莎瑪與馬克，前9個月他不只賠掉2,629美元，還得把每月提撥的405美元也算進去，所以總共賠了6,274美元。

蓋瑞特說：「我現在開始痛恨股票了。先是網路泡沫，現在又是恐怖攻擊。對了，馬克，謝謝你的建議，要我以低價持續買進。」

馬克說：「我只是告訴你3％訊號提示要買進更多。我也買了啊。」

「但你整個夏天都沒賣嗎？」莎瑪問。

馬克說：「有賣，第2季季末的訊號，要我賣一點股票基金。」

「那現在呢？」蓋瑞特問。

馬克回答：「出現一個大買進的訊號，我的股票基金上一季也跌了16％。」蓋瑞特追問：「現在你要買更多嗎？」馬克說：「是啊，幾乎超過2,500美元呢！3％訊號叫我買更多，我就買更多。況且，就算想買更多，也沒現金了吧？」

「我至少能拿每月提撥的金額來買，但我應該不會這麼

做，」蓋瑞特說。「我越來越受不了了。富國銀行集團的首席經濟學家說恐怖攻擊已經傷害投資人信心，經濟活動損失數十億美元……但你的訊號說要買，是嗎？」

馬克點點頭。

「我會繼續照計畫走」」莎瑪說：「上個月其實沒有賠太多。藝匠國際基金與長葉夥伴基金好像跌了13％，但太平洋總回報債券基金是賺錢的。定期定額加上配息，目前帳戶整體只少了5％。當市場走跌，同樣的錢可以買更多。」

蓋瑞特回答：「我知道，但在下跌後還有更便宜、再便宜、超便宜的價格。」

蓋瑞特看電視的投資報導，閱讀投資網站，去年有電子報認為買進便宜的科技股是好主意，他非常認同。如今那個電子報卻說，熊市證實了現在正是網路泡沫的終點，因此也將是多頭的起點，蓋瑞特不想眼睜睜地錯過即將到來的大反彈。

BBC報導，已然惡化的美國經濟因為近期紐約世貿中心與華府遭受恐怖攻擊，而受到更大的激盪，讓美國投資人的財富蒸發數十億美元。許多人持續撤出股市與共同基金，使得這種危急情況更加惡化。

蓋瑞特討厭聽到這些消息，卻想要加入他們一起認賠殺出。許多分析師建議現在是有效運用額外資金的絕佳時機。蓋瑞特沒有額外資金，不過他可以重新安排既有的投資。

蓋瑞特打算從買各網路基金中抽身，這個玩意從年初至

今已經下跌71％。他想逃卻不想錯過反彈，根據所有的徵兆，美國在阿富汗展開報復性襲擊，伊拉克也將有更大的戰爭發生。當美國把戰爭處理好，股票就會漲，人人都期待向恐攻宣戰會傳來好結果。因此，蓋瑞特認為應該繼續投資股票。該選什麼股呢？結論是航空類股。

　　航空類股是眾多電子報最推薦能一飛沖天的類股。因為發生911恐怖攻擊，空中運輸受限，安檢程序更加嚴格，航空與相關類股全都崩盤。但電子報說，當人們開始如常地搭乘飛機，股價一定會大反彈，而且政府可能會對航空業伸出援手。根據電子報的推薦，蓋瑞特決定放棄買各網路基金，轉進富達空運基金（Fidelity Select Air Transportation Portfolio）。

　　於是，他在第4季初的新投資組合裡付諸行動。希望有更多的增值空間，還能省下費用。買各網路基金的費用比例是2.87％，富達新基金才0.94％，圖表4-4是他新投資組合的費用結構。

圖表4-4　蓋瑞特在2001年第4季的費用比例

基金	費用比例（％）
富達空運基金	0.94
瓦薩奇小型成長股基金	1.26
駿利亨德森環球科技基金	1.00

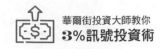

蓋瑞特徹夜研究他的選項，和妻子討論股市，並爭論戰爭對股市的影響，以及哪些股票會表現更好。然而，莎瑪只是持續運用定期定額法投入6檔基金，無論有沒有恐怖攻擊，每個月投入的405美元都會依據原來的配置，繼續轉進投資組合。

馬克則是已經知道這季的訊號線，核心標普小型股ETF餘額永遠都得比前一季高3％，再加上他每季提撥一半資金給先鋒吉利美。本季訊號線淨值是10,620美元，核心標普小型股ETF的收盤價是95.50美元，因此他需要111個單位，卻只有85個單位。於是，馬克賣掉債券部位，用2,483美元買進26個單位。

馬克瞥了一眼標普500指數，看看是否要啟動「跌30％不出場」規則，他發覺跌幅還沒到，就像莎瑪一樣不理會股市了。

2001年12月

在公司的第1個年度，3位投資人退休帳戶的結餘，如圖表4-5。

道瓊指數在2001年跌了7％。除了恐怖攻擊之外，媒體也擔心安隆（Enron）破產。《經濟學人》在11月底時寫道，該公司讓2月時600億美元的股票估值瞬間蒸發。才不過一年前，安隆創辦人肯恩‧雷伊（Ken Lay），還被被吹捧

圖表4-5 2001年12月，蓋瑞特、莎瑪與馬克的退休帳戶餘額

投資人	2001年12月31日的401（K）餘額（美元）
蓋瑞特	10,748
莎瑪	14,663
馬克	16,216

為下一任的能源部長，而今他的企業已經完蛋了。

這只是一個小插曲，蓋瑞特更擔心他的富達空運基金在第4季只成長21％，而他賣掉的賈各網路基金卻成長51％。瓦薩奇小型成長股基金也成長30％，駿利亨德森環球科技基金則是上漲31％。雖然蓋瑞特還是覺得賣掉網路股沒錯，但有點後悔沒有抱久一點。

至少專家建議的航空股依然行情看漲。國際航空運輸協會（International Air Transport Association）的民航企業調查報告顯示，有57％的業者預期，6個月內空中運輸能夠回歸常軌。蓋瑞特認為這對航空股是利多，於是繼續等待回收報酬。

第4季對莎瑪來說相當不錯。藝匠國際基金成長9％，配息1.06美元，長葉夥伴基金成長13％，配息0.52美元。她在與孩子們出門參加跨年派對之前，瞥了一眼退休帳戶餘額，覺得看來不錯，便很快拋諸腦後了。

馬克執行每一季末的標程序，愉快地看到還不錯的賣出

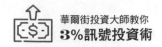
訊號，表示上一季的買進訊號是對的。核心標普小型股ETF
在第4季成長20％，出現1,176美元的賣出訊號，他馬上著手
處理，接著把賣出的金額轉進債券基金。他只花15分鐘輕鬆
計算並下單，就完成這1季的投資操作。

4-3

第2年：苦苦等待，為什麼反彈還不來？

2002年1月，蓋瑞特、莎瑪與馬克都調薪5％，年薪變成56,700美元，每個月提撥至401（k）的金額也增加為425美元。小布希總統對反恐戰爭極度狂熱，他在聯合國發表演講，稱伊拉克、伊朗與北韓是「邪惡軸心」，並提出三個目標：打贏戰爭、保護美國本土，克服經濟衰退。

2002年3月

對蓋瑞特來說，又是個沉悶乏味的一季，航空股成長12％，但瓦薩奇小型成長股基金跌了4％，駿利亨德森環球科技基金跌了7％。帳戶的總餘額包括每月提撥的金額，在本季上升13％來到12,137美元。

航空股加快反彈力道，蓋瑞特相當佩服自己判斷正確。他的妻子問是否想賣掉航空基金獲利了結，但他看到《投資人財經日報》（Investor's Business Daily）說航空股是贏家

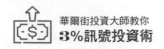
股,所以他想要繼續抱。

這時候距離911事件已經過了半年。美聯社報導,道瓊指數從低點迄今已漲了28.9%,納斯達克指數也上漲35.6%,標普500指數的漲幅則是21%。而且,美聯社還提到,歷經兩年經濟不振與股價下跌,部分人士擔心,由於刺激經濟的力道不強,因此某些收益的成本過高。投資人在錢進股市前,想看見企業的獲利改善。

莎瑪與馬克都對此不在意,他們很少注意媒體說什麼,而是專注於家庭生活。在本季,莎瑪的帳戶成長12%,來到16,243美元,而馬克的帳戶成長13%,來到18,359美元。

(S) 2002年9月

2002年9月30日,亞當·謝爾(Adam Shell)在《今日美國》(*USA Today*)一篇名為〈熊把股票拖進巢穴深處〉的文章中指出,從邏輯上來說,股票不會永遠下跌,但眼看道瓊指數受挫3年,光是近3個月跌幅就將近18%,「無數的投資人開始納悶,股市是否永遠都不會再上漲」。

道瓊指數與標普500指數都宣稱,這是1987年第4季以來績效最慘淡的一季,而且納斯達克指數也在6年來的低點盤整。

對此,各種零效度意見激烈爭辯。投資研究公司的總裁伍迪·多西(Woody Dorsey)專精財務金融,他說:「**我們**

正經歷一個非常艱難的時期，這段時間所有的負面頭條新聞都會自我強化。」 空頭市場碰上對伊拉克戰爭的擔憂，除了恐怖主義之外，還有潛在的通縮可能會削弱經濟力道，影響企業獲利，並進一步加重經濟衰退。

富國證券的交易員塔德・克拉克（Todd Clark）說，抱持悲觀主義的人數多到難以置信。

蓋瑞特就屬於那些悲觀主義的人，他回顧這一季，不知道股市夢魘哪一天才會結束。他對航空類股的押寶完全落空，空運基金從年初開始共下跌30％，甚至比911後更慘。但是，分析師還在吹捧航空產業，最早給蓋瑞特靈感的那份電子報說：「我們是提早進場，而不是選錯類股。」

蓋瑞特暴怒，大吼：「去對那些相信你說沒有危險而走上鐵軌的人講，抱歉，這裡並不安全，但等等就會安全了。真是多謝！我已經被輾死了！太早進場就是選錯股。」

當然，有些分析師依然建議長抱，因為反彈即將來臨，但已過了兩年還在「即將來臨」。

蓋瑞特覺得已經受夠了，相同媒體、同一批人對同一件事的評論，對他一點幫助都沒有。投資績效不僅沒有起色，還在持續失血。他打算先暫停每個月投錢進去，至少能喘口氣，以防未來股價變得更低。若股價沒有繼續跌，他也會覺得舒服一點。

莎瑪照著以往的模式，什麼都不做，每月提撥的425美元繼續依照比例配置給6檔基金。即便股市、債市都紛紛擾

擾，但退休帳戶餘額加上每月的提撥，從3月底以來整體跌幅不到3％。

馬克則一如既往按照3％訊號操作，但擔心現金可能不夠用。第1季季末，他的債券部位達到32％，因此必須在下一季出現買進訊號時，賣出債券部位，讓占比調整到20％。

到了第2季，市場整體表現不佳，核心標普小型股ETF跌了7％。3％訊號投資術發出買進16單位的訊號，需要1,832美元。在下單前，核心標普小型股ETF的餘額是11,712美元，先鋒吉利美的餘額是7,264美元，總計18,976美元。債券部位則有38％，馬克只想維持20％，表示債券餘額只要有3,795美元即可，等於該買進3,469美元的核心標普小型股ETF，而非訊號發出的1,832美元。

於是，馬克賣出3,469美元的債券，買進等值的ETF，所以第2季開始之前，他的股票部位是15,181美元，債券是3,795美元，完美重返80:20的比例。然後，馬克要等到債券再度達到30％，才會重啟另一次的再平衡。

不幸的是，市場繼續走跌。就在第2季的大買進訊號之後，3％訊號投資術再度發出大買進訊號。馬克提撥給債券部位的金額使帳戶餘額增加到5,204美元，因此他有資金可以買進，但買進之後，債券部位只剩下7％。接下來幾季，又會出現一次大買進訊號，而且沒有賣出訊號，這可能導致他在價格更低時，已經沒有錢可以買進。

這讓馬克想到，另外開一個底部購買帳戶的點子：為了

避免他賣光債券部位的資金，必須額外儲備一些現金。他決定若明年加薪就開戶。

2002年12月

在公司第2個年度，3位投資人退休帳戶的結餘，如圖表4-6。

圖表4-6　2002年12月，蓋瑞特、莎瑪與馬克的退休帳戶餘額

投資人	2002年12月31日的401（K）餘額（美元）
蓋瑞特	12,085
莎瑪	17,931
馬克	19,604

道瓊指數在歷經2000年的6％與2001年的7％跌幅之後，2002年又跌了17％。納斯達克指數更慘，2000年下跌39％，2001年又跌21％，2002年更跌32％。

《商業周刊》有一篇名為〈2003年錢該擺哪裡〉的專題報導，開頭就指出：

有人說華爾街是一條偷竊大道，起點是翻騰的河流，終點是墓穴。對2002年來說，這是貼切的隱喻——恐怖熊市的

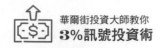

第3年。記憶中不曾有過一段時間,股市這麼波濤洶湧、令人焦心,摧毀了這麼多人的財富,也不曾有過一段時間,美國企業被大量醜聞撼動……。就像杰・雷諾(Jay Leno)說:「你知道拉斯維加斯與華爾街哪裡不一樣嗎?在賭城,至少你把錢輸光後,還有免費的酒喝。

蓋瑞特覺得每月暫停撥款投資是對的。富達空運基金雖然微幅上漲,但12月很快再度下挫,跌了2%,他的其他基金也是如此。蓋瑞特喜歡看著現金部位累積,等待正確時機再進場。那一年為了和家人慶祝聖誕節,他和妻子立下一個規矩:不准談股票。因為他們一討論股票,總是搞得大家心情很糟。

另一方面,莎瑪開始對她的6檔基金有些不滿。持續每個月丟錢進去,自然期待得到好結果。過去這些高評等基金的表現一如她想要的,因此她期待若是熊市結束,可以看見一些獲利。

馬克基本上很滿意,但對於債券餘額有點不安,因為在熊市為了因應3%訊號投資術的買進訊號,一直花用債券部位資金。雖然債券占比從第3季末的7%,升到第4季末的11%,但他對10%左右的低水位還是很介意。為了安全起見,他決定明年一定要開個底部購買帳戶。

4-4

第3至7年：股市進入多頭，股民開心數鈔票

　　從2003至2007年，蓋瑞特、莎瑪與馬克每年都加薪5％，並且決定提撥4％的薪資總額，存進信用合作社（credit union，譯註：類似跟會，具有互助性質，是以簡便手續與較低利率，提供社員信貸服務的金融組織）的存款帳戶。他們領出些許利息當成獎金開心地花掉，本金則放在帳戶裡隨著提撥成長。圖表4-6是這5年來薪資與提撥金額的概況。

圖表4-6　2003年至2007年的薪資與提撥金額

年度	年薪（美元）	月薪（美元）	每月401（K）提撥金額（6%+50%的公司配比）（美元）	每月提撥存款（4%）（美元）
2003	59,535	4,961	447	198
2004	62,512	5,209	469	208
2005	65,637	5,470	492	219
2006	68,919	5,743	517	230
2007	72,365	6,030	543	241

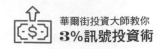
他們三人都考慮要將這個帳戶的存款,當做應急用的儲備金。馬克為了3%訊號投資術,將這個帳戶賦予「底部購買帳戶」的角色。不過,在2003年第2季之後,債券餘額隨著他提撥的金額與3%訊號術的操作而成長,一直維持在相當寬裕的範圍。馬克繼續額外存下4%薪資,但股市多頭終於開始,驟然崩盤的風險看起來微乎其微。

2003年3月

2003年的第1季,股市籠罩在伊拉克開戰的氛圍。小布希總統宣稱3月17日是聯合國安理會的「決斷時刻」,告知伊拉克若不解除武裝,就等著被打。

聯合國沒有異議,但伊拉克總統海珊拒絕退任,因此聯軍在3月19日轟炸巴格達。翌日,地面部隊侵攻伊拉克。在前景不明的這段時間,道瓊從1月中至3月中跌了14%,但市場馬上急轉直上。

這一刻,蓋瑞特覺得自己是天才。上個耶誕節,他四處與人談論戰爭,依據電子報的建議,把富達空運基金贖回,換成富達精選國防及航空航天基金(Fidelity Select Defense & Aerospace Portfolio)。這檔基金不僅因為戰爭而前景看俏,費用也比空運基金便宜,只有0.84%。

在開戰的氣氛中,空運基金跌9%,精選國防基金跌8%。蓋瑞特從去年10月就停止每月提撥資金投資,至今尚

未重新啟動。在歷經6個月的中斷，他的現金部位增加2,616美元。蓋瑞特很滿意沒賠掉這筆錢，自信心也日益增加。

　　所有的電子報幾乎都說，戰爭開打會是多頭的起點。現在戰爭已經開打，蓋瑞特正好持有市場上唯一的國防基金。趁著週期低點，他決定在2003年第1季季末，把2,616美元全都投入這檔基金，並重新啟動每個月的定期定額。他精準地判斷戰爭消息，終於等到奮起直追的時刻。

　　2003年3月，晨星的分析師在一篇名為〈在戰爭陰影中持續閃耀的獨特產品〉文章中，指出：

　　富達精選國防及航空航天基金是唯一鎖定國防工業的基金，近來頗受矚目，可視為伊拉克戰爭的主要受惠者。但是，這可能會令人忽略該基金的長期展望，特別是國防支出的趨勢。

　　經理人馬修・弗魯漢（Matthew Fruhan）認為，出兵只是打造榮景的一個中途點，小布希政府走馬上任，預期加快老舊設備的汰換與軍備採購。因此，戰爭或許為國防類股帶來短期榮景，但驅動國防產業獲利的則是國防支出。

　　這時候，莎瑪的明星投資組合也持續做對每一件事，所以她一如既往，只瞄一眼不斷上升的帳戶餘額，沒做任何更動。儘管市場處在戰爭陰影中，但是莎瑪的投資組合在第一季隨著提撥金額成長4％，很快就會突破2萬美元。

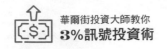

　　由於在熊市會啟動「跌30％不出場」規則，馬克緊盯標普**500指數**。2002年第3季，這個規則真的啟動了，因為近兩年來首次季收盤價比上季驟跌超過30％。

　　標普500指數2000年封關收盤價是131.19美元，而啟動「跌30％不出場」規則必須跌到91.83美元。2003年9月的收盤價是81.79美元，表示馬克要抱著核心標普小型股ETF，忽視接下來的4個賣出訊號。接下來超過2季，市場都表現不佳，3％訊號術也發出買進訊號。

　　儘管如此，之後馬克暫時不擔心債券餘額偏低。他在2003年3月底以91.48美元買進核心標普小型股ETF後，價格飆漲74％來到158.85美元。接下來2年，因為啟動「跌30％不出場」規則，他不理會4個賣出訊號，同時股票和債券部位都水漲船高。

　　核心標普小型股ETF在接下來2年進行股票分割（譯註：將面值較大的股票拆成幾張面值較小的股票，股東權益不變，公司資本結構也不變，只會使發行的股票總數增加），1股分成3股。然後，接下來2年又漲了29％。

　　當然，馬克無法事前預知，而每當股價上漲到一個層級，財經新聞都高聲喧鬧，但他一點也不在乎，3％訊號投資術的美好就在於不受干擾。

2004年12月

在公司第4個年度，3位投資人退休帳戶的結餘，如圖表4-7。

圖表4-7　2004年12月蓋瑞特、莎瑪與馬克的退休帳戶餘額

投資人	2004年12月31日的401（K）餘額（美元）
蓋瑞特	33,285
莎瑪	37,416
馬克	44,809

　　蓋瑞特一直對自己的投資組合滿懷信心，當伊拉克戰事延長，精選國防基金也大漲。後來，小布希總統改變目標，從找出不存在的大規模毀滅性武器，變成在伊拉克建立民主。國防類股的分析師樂昏了頭，因為這樣的任務絕對無法達成。有什麼比不會終止的戰爭更能賺國防財的呢？

　　蓋瑞特在2003年3月加碼投資精選國防基金，在2004年已坐收78％漲幅，他的其他基金也表現很好。瓦薩奇小型成長股基金成長61％，駿利亨德森環球科技基金成長52％，但蓋瑞特的績效還是落後莎瑪與馬克。

　　他埋首進行股市研究，發現一份電子報推薦石油提煉與探鑽類股。然後他發現，美林證券的首席美國策略析師李察·伯恩斯坦（Richard Bernstein）告訴《商業週刊》，股

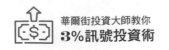

市在2005年將只會微幅上揚，大約只有1至2％的配息，並表示股價可能走得很艱辛，聯準會即將調降短期利率，獲利成長將放緩，大約只剩9％。

此外，伯恩斯坦還指出，能源產業的長期趨勢走高，建議大樹底下好乘涼，埃克森美孚（ExxonMobil）這類的股票比較可靠。

經過一番思考，蓋瑞特和妻子討論過後，決定賣掉駿利亨德森環球科技基金這個拖累整體績效的部位，轉而購買埃克森美孚。每月也會依照比例提撥金額，一半投入精選國防基金，4分之1給瓦薩奇小型成長股基金，另外4分之1給埃克森美孚。

蓋瑞特認為，將帳戶部分金額集中在單一個股，績效應該可以更好。畢竟，伯恩斯坦說能源股是未來10年的首選，而且埃克森美孚看起來是箇中翹楚。這檔股票從2003年3月以來，就與駿利亨德森環球科技基金旗鼓相當，而且每季都穩定配息。於是在2004年12月，蓋瑞特的投資組合如圖表4-8。

圖表4-8 蓋瑞特在2004年12月底的投資組合

投資項目	配置（％）
富達精選國防及航空航天基金	53
瓦薩奇小型成長股基金	29
埃克森美孚	18

　　莎瑪很意外，為何她的全明星投資組合，表現得不如預期。馬克僅僅運用兩檔成本超低的指數型基金，搭配他老是讚不絕口的3％訊號術，績效始終微幅領先她的全明星投資組合。莎瑪閱讀更多有關基金的報導，思考是否哪裡做錯。輿論預期霍金斯與葛洛斯的績效會更好，因此她決定暫且繼續持有這些基金。

　　這一季馬克的債券部位來到25％，他想是否很快就要把多出來的部分轉進股票。當唯一需要做的是將賺錢的債券部位轉換成狂飆的股票部位時，人生是美好的。他完全沒有理會零效度意見，而且績效更好。

⟳Ⓢ 2005年9月

　　2005年8月29日卡翠娜颶風襲擊路易斯安那州，造成嚴重破壞。洪水淹沒新奧爾良80％的面積，造成1,800餘人死亡，以及超過1千億美元的損失。卡翠娜成為美國史上代價最高的颶風。

　　美國CNN財經新聞網在9月6日提出警告，油價上漲並非這個破壞力驚人的颶風帶來的唯一影響。房地產、建築業、貿易、農業與畜牧業，在接下來幾個月，都有可能受到衝擊。更嚴重的是，經濟很可能面臨衰退：

　　美國經濟的榮景將顯著放緩，是許多投資人與分析師認

為聯準會9月可能不會升息的原因之一。自2004年3月以來，利率將首度按兵不動。

然而，對於能源價格高漲及交通中斷的疑慮越來越大，加上灣區本身的經濟活動降低，可能足以讓景氣降溫，進入實際的衰退。

現在談論衰退並非言之過早，即便機率仍低於50%，近期的幾次衰退都是在能源產業受到衝擊後發生。至少有一點可以確認，那就是經濟成長率將會下修。

蓋瑞特笑了，心想：「能源衝擊？哪有什麼問題。」他持有埃克森美孚這檔股票，股價已隨著油價上漲24%，每股還發0.85美元配息，現在占投資組合21%，更何況他的另外兩檔基金也漲了很多。

莎瑪與馬克也很好。3個人都不覺得他們的投資有什麼疑慮。不過，蓋瑞特和莎瑪都問馬克最近的訊號是什麼，他說：「少於10美元，非常微量賣出。」

⑤ 2006年12月

在公司第6個年度，3位投資人退休帳戶的結餘如圖表4-9。

蓋瑞特非常震撼，他這一年帳戶餘額成長36%，從43,805提升到59,769美元，績效卻依然敬陪末座。精選國防

圖表4-9 2006年12月，蓋瑞特、莎瑪與馬克的退休帳戶餘額

投資人	2006年12月31日的401（K）餘額（美元）
蓋瑞特	59,769
莎瑪	60,458
馬克	66,957

基金漲了11％，而且配息6.61美元，收益有8％。瓦薩奇小型成長股基金漲幅甚微，但配息有2.92美元。埃克森美孚上漲36％，每季還有0.32美元配息。明明股價一直漲，他卻還是追不上2位什麼都沒做的同事。

　　莎瑪的長葉夥伴基金漲了13％還配息，藝匠國際基金上漲15％，而且他其餘的基金都表現不錯，也配息了。馬克的核心標普小型股ETF成長14％並且配息，債券表現持平，但有5％的債息收益。這些績效不算令人驚豔，但莎瑪還是勝過蓋瑞特，馬克的績效更是超前。

　　此時，蓋瑞特盤算著還可以做些什麼，才能贏過莎瑪甚至追上馬克。某位事後諸葛說，馬布爾第一銀行（First Marblehead）最讚。這檔股票有貸款證券化的優點，而且是學生貸款，不是次級房貸。借貸激增讓大多數人都關注抵押貸款，但真正的聰明錢都在學生貸款裡面。這些傢伙買下一籃子的學貸，將它們搖身一變成為需支付高額費用的可交易債券，然後賣掉，真是天才。

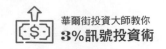

「這檔股票表現好嗎？」蓋瑞特問。

事後諸葛大笑，回答：「可以這麼說。一年前我花35美元買，一個月前是75美元，而且才剛進行股票分割，2股變3股。」他用手肘推一下蓋瑞特，壓低聲音說：「每季都配息喔。」

「利多應該出盡了吧，」蓋瑞特追問。

事後諸葛回答：「怎麼會，不僅基本面紮實。本益比（P/E）只有13倍，毛利率有46％，營收成長率160％，銀行裡有兩億6,500萬美元存款，幾乎零負債，而且員工有三分之一持股。」

蓋瑞特問：「那你會再加碼嗎？」

事後諸葛說：「會，而且加碼很多。」

蓋瑞特確認事後諸葛說的資訊是正確的，所有他能找到的資訊都很正面，除了有些分析師擔心股價可能處在高點。這家銀行的生意從來沒有這麼好過，剛為一批由許多銀行規畫的私人學生貸款，完成價值10億美元的證券化。

蓋瑞特閱讀了近期大多數季報，其中說馬布爾第一銀行能避免放貸風險，因為對客戶的貸款不直接擁有所有權，對於協助促成的貸款方案也不做放貸者或保證人，而且獲利來自為貸款公司提供的證券化外包服務。

這種商業模式看起來大有可為，因為大學學費漲得離譜，幾乎可以保證學貸需求。這家銀行看來像是借方與貸方的仲介，獲利極大但風險極微。

　　2006年12月底，蓋瑞特把瓦薩奇小型成長股基金的一半持份，轉成馬布爾第一銀行股票。看好馬布爾第一銀行的人，甚至比看好埃克森美孚的更多。蓋瑞特認為加上這檔股票，401（k）組合就可望領先了。圖表4-10是蓋瑞特新的投資組合。

圖表4-10　**蓋瑞特在2006年12月底的投資組合**

投資項目	配置（％）
富達精選國防及航空航天基金	54
埃克森美孚	22
馬布爾第一銀行	12
瓦薩奇小型成長股基金	12

　　對於莎瑪和馬克來說，自己的投資組合在多頭市場的表現令人滿意。馬克意外發現，自己輕而易舉領先莎瑪。馬克知道，若牛市夠久，自己可能會落後於一個堅持全額投資的組合，但莎瑪位居第2提醒他：全額投資必須鎖定績優股，例如核心標普小型股ETF。

　　莎瑪證實了若不能堅定不移，就什麼都沒有，而她確實做足功課挑選最好的基，只不過這些高績效的類別裡進行了多樣化投資。評等極高的專業團隊，在接下來幾季還能證明價值嗎？

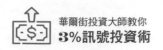
2007年9月

新聞都在播報混亂的房市。《巴倫週刊》一篇名為〈為天花板塌下做好準備〉的文章，檢視債券基金經理人傑弗瑞‧關拉赫（Jeffrey Gundlach）的策略，他是TWC集團的投資長：「美國房價從去年的高點以來，平均年跌12％至15％，但這只是開頭。房市不會復甦，這樣的情況要到2010或2011年，在這段時間內，經濟將蒙受真正的傷害。」

關拉赫認為，次貸違約與取消抵押品贖回權（譯註：指屋主因為繳不出房貸而喪失房產贖回權，銀行可以處分房產來抵債）會加速下降，理由是2006及2007年初醞釀的次貸困境，將會在2008年及2009年初逐漸升高，低利率的寬限期將會屆滿，次貸將來到2年利率的重設點，屋主不能只繳利息，必須開始償還本金。面對每個月暴增30％以上的帳單，許多屋主可能放棄努力，放任他們的貸款違約。

9月18日，聯準會把聯邦基金利率（federal funds rate）降了0.5％來到4.75％，股市應聲飆漲。蓋瑞特在電子報中讀到，股市從7月初至8月初跌了7％，無可否認這很痛苦，但不太像會變成一個大熊市。結論是，**既然一般人都看壞股市，就應該反向操作，因為一般電子報編輯在談到市場轉折點時，往往說錯的比說對的多很多**。現在大家看壞市場，你要賭這是錯的嗎？

　　蓋瑞特不想賭，所以維持現狀。從7月底到9月底，他的帳戶成長11％，從66,756上升到74,092美元。確實聯準會幫上一點忙，他估計這是長期維持多頭的理由之一。隨著利率調降0.5％，《今日美國》報導，道瓊下挫335.97點，跌幅2.51％，來到13739.39點。上一次漲超過300點，是在2002年10月15日漲了378點，而週2的漲幅是2003年4月2日以來最大的。

　　蓋瑞特的馬布爾第一銀行股價雖然一度往下，從12月買進後下跌31％，但是7月以來已回漲15％，配息也從3月的15美分上漲到9月的27.5美分。電子報依舊推薦這檔股票，並認為績效會打敗大盤。

　　馬布爾第一銀行稍早時宣布，近期售出的資產擔保證券（asset-backed securities，簡稱ABS，譯註：指以一定的資產及其收益為償還保證的投資證券）逼近30億美元。一切都走在股價反彈的正軌上，蓋瑞特逢低加碼買進，每個月配置12.5％的提撥金額。

　　此外，其他的選股能彌補馬布爾的難關。精選國防基金上漲18％、埃克森美孚上漲21％、瓦薩奇小型成長股基金漲了9％。一旦馬布爾第一銀行的股票再次振作，蓋瑞特相信自己的投資組合將開足馬力，大量獲利。

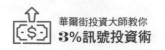
2007年12月

在公司第7個年度，3位投資人退休帳戶的結餘，如圖表4-11。

圖表4-11 2007年12月，蓋瑞特、莎瑪與馬克的退休帳戶餘額

投資人	2007年12月31日的401（K）餘額（美美元）
蓋瑞特	70,740
莎瑪	71,208
馬克	74,092

蓋瑞特和莎瑪兩人與馬克之間的獲利差距縮小了。莎瑪的全明星組合似乎證明高費用比例是值得的，審慎研究主動式管理績效並堅持投資計畫，可說是長期獲利的關鍵。莎瑪依然領先蓋瑞特，而且看起來將會超越馬克。

蓋瑞特不像往年的年底那般沮喪，他所有的努力都值回票價，基本上與莎瑪名氣響亮的基金經理人並駕齊驅，也很接近馬克的3％訊號術，在第4季馬布爾第一銀行近乎死絕、大跌60％的情況下，他堅持在低點用定期定額法等待反彈。由於馬布爾已跌到只占蓋瑞特投資組合的3％，即使化為烏有，對整體影響也不大。

在這個聖誕節假期，每個人都覺得美好，大多數投資人

身處多頭市場都是這樣。馬克很少想股市的事情，但是周遭的人都吹噓自己的績效好到爆。蓋瑞特變得特別興奮，唸馬克將五分之一的資金放在債券部位，他不放過任何機會提醒馬克股票都在漲。若有人提到網路泡沫造成股市崩盤的前例，蓋瑞特就駁斥說：「之後必定是怒漲的牛市，資金需要做有效運用。」

今年大部分的3％訊號都是要馬克買進，包括本季。唯一的賣出訊號出現在第2季，而且是最少的一次。馬克注意到，從第2季之後，核心標普小型股ETF穩定下跌，總跌幅為9％。接下來2季的買進訊號都降低債券部位的餘額，從27％降至20％，在第4季的買進訊號之後，基本上維持在這個水位。

起碼訊號只是將債券部位資金移到股票部位，但是馬克總感覺怪怪的。若股市這麼棒，為什麼核心標普小型股ETF會連續跌6個月？

馬克向妻子提起對訊號的看法，他很少與家人談股市話題。他們認為帳戶餘額在7年內成長到74,000美元，又不必關注華爾街的消息，算是很不錯，而且比大多數人的績效都好，因此決定讓繼續執行3％訊號術。

2007年12月底，蓋瑞特問馬克訊號怎麼說。馬克回答：「買進6千4百美元。」蓋瑞特拍拍他的肩膀，說：「我大部分的電子報也都看好股市，所以你的訊號可能是對的。」

12月初，鮑伯・布林克（Bob Brinker）在他的電子報中

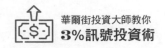

表示，股市近期的拋售潮是好消息。10月至11月的短期修正拉回，讓股價恢復健康，並且鋪路讓標普500指數再創新高。蓋瑞特認同這樣的解釋，因為任何人都知道，大盤從來就不是直線上升，股市挑戰高點之前都需要盤整。

12月6日，技術分析大師丹‧蘇立文（Dan Sullivan）指出，我們發現顯著且振奮人心的事實：面對極端利空的消息，大盤還能取得利多的進展。如果說歷史能提供任何指引，相信這個多頭會繼續下去。因為近來投資大眾對於金融媒體描繪的暗淡前景感到憂慮，這象徵了股市目前還是位於低點。

蓋瑞特認為蘇立文說得對，散戶太不樂觀，2008年將有更多利多。就連價值線公司的投資調查（Value Line Investment Survey，譯註：價值線是一家總部位於紐約的投資研究與金融出版公司）都認為，經濟將穩定下來，企業獲利也會有所成長，股市可望在2008年恢復元氣，從7月以來持續建議配置75％的資金在股票上。蓋瑞特認為獲利的機會非常高，聯準會將維持股市漲勢。

然後，2008年來臨。

4-5

第8至9年：金融海嘯席捲全球，股價應聲崩跌

2008與2009年，公司沒有大動作調薪。蓋瑞特、莎瑪與馬克都是年薪72,365美元，每月撥款543美元進入401（k）帳戶，提撥241美元進入存款帳戶。

2008年12月

這一年，美國第5大投資銀行貝爾斯登（Bear Stearns）在3月破產。2008年3月14日，該公司股價在開盤後半小時內跌掉47％，平均每分鐘有超過100萬股的瘋狂交易。股價崩盤後，美國財經節目《瘋錢》主持人吉姆·克雷默（Jim Cramer）在《紐約》雜誌發表文章指出，全美第5大投資銀行倒閉，市場已經觸底。

克雷默指的不是貝爾斯登的股票，而是整個股市大盤與長期惡化的房市。蓋瑞特這類投資人不是在3月買進股票，就是長抱不賣，結果都遭殃了。例如：精選國防基金從3月

底到12月底就下跌36%。

比起看空的呼籲被漠視，更大的問題是大量的看多誤判。「當初不該聽」比「真希望有聽」的感受更能摧毀信心。有很長一段時間，新投入的每一塊錢都蒸發了，而且熊市還在加速中。

到了秋季，美國第4大投資銀行雷曼兄弟（Lehman Brothers）因為次貸事件爆發，股價如瀑布般崩跌，甚至延燒到全世界。9月9日週二，雷曼兄弟股價下跌45%。兩天後，在公司嘗試週末騙取政府紓困之前，又下跌40%；在此同時，公司絕望地尋求收購者，但看起來很難成功。由於兩邊都落空，雷曼在9月15日週一早晨宣布破產。那一天，道瓊指數大跌504點。

美國銀行也被迫以500億美元買下美林證券，以避免金融體系進一步瓦解。當時有很多流言暗指，保險業巨人美國國際集團（AIG）也快倒了。若AIG倒閉，雷曼事件就只是像個小孩在草地上跌了一跤。

在10月的頭7個交易日，股市又跌22%，月底稍作反彈。但從選舉日算起的12個交易日，即11月4日至20日，大盤再跌25%。每一種用來衡量股票的重要指標，現在都已無效。無論企業的基本面如何，股價全面下跌。**華爾街腥風血雨，許多人開始把股票投資視為一種被美化的賭博。為了娛樂，擲擲骰子或許不錯，但少有人願意拿退休金去賭。**

在第8個年度結束時，蓋瑞特、莎瑪與馬克的401（k）

帳戶餘額都大幅縮水,如圖表4-12所示。

圖表4-12　2008年12月,蓋瑞特、莎瑪與馬克的退休帳戶餘額

投資人	2008年12月31日的401(K)餘額(美元)
蓋瑞特	50,926
莎瑪	46,556
馬克	69,993

　　在回應3%訊號術發出最高額的一次買進訊號之後,馬克的帳戶餘額剩下69,993美元。這讓馬克與妻子討論,在下一次的買進訊號之前,他們必須思考,在空頭的深淵裡,值不值得拿出存款冒險買進更多股票,以滿足訊號的要求。

　　3%訊號術在2008年的每一季都發出買進訊號,當時核心標普小型股ETF下跌32%,價格從2007年第4季的65.02美元,跌到2008年第4季的43.97美元,如圖表4-13所示。

圖表4-13　從2007年第4季至2008年第4季,馬克的3%訊號術餘額

季度	核心標普小型股ETF價格(美元)	訊號	所需金額(美元)	債券部位餘額(美元)	債券部位餘額占比(%)
Q407	65.02	買進97.74個單位	6,355	14,932	20
Q108	59.93	買進120.48個單位	7,220	9,672	14

季度	核心標普小型股ETF價格（美元）	訊號	所需金額（美元）	債券部位餘額（美元）	債券部位餘額占比（％）
Q208	60.17	買進40.21個單位	2,419	8,967	12
Q308	59.51	買進58.03個單位	3,453	7,293	10
Q408	43.97	買進463.22個單位	20,368	-10,876	0

在2008年第3季，馬克的債券餘額是7,293美元，到2008年第4季增加至9,492美元。這是加上他每季提撥的1,629美元、先鋒吉利美價格上漲3％，以及該季總共配息12.6美分的結果。季末的買進訊號需要20,368美元，比債券餘額9,492美元還多了10,876美元。

這是馬克首度面臨抉擇，是否要動用底部購買帳戶的錢。這個帳戶是他從2003年1月起，在信用合作社存入每月收入的4％，到了2008年12月底，帳戶餘額是16,044美元，足以支付3％訊號不足的金額，但這麼做真的好嗎？馬克與妻子討論後，決定買下去。

與此同時，蓋瑞特覺得頭暈目眩，納悶自己怎麼會長抱一整年。他回顧那些看多的評論，他們都說要買在更便宜的價格，這幫忙解釋了他的堅持，而且在過程中有些價格反彈，例如：精選國防基金在夏季漲了8％，埃克森美孚11月上漲8％，就連馬布爾第一銀行在8月也上漲64％！

可惜，在壓倒性的大盤跌勢下，全部都被急速拉回。這一年，馬布爾第一銀行下跌92％、國防精選下跌44％、瓦薩

稅後可提撥的401（k）金額

幾乎所有提撥進入401（k）帳戶的金額，都是未稅所得，意思是薪資尚未扣除所得稅。一年累計能提撥多少未稅所得是有限制的，在馬克與妻子決定要不要動用底部購買帳戶的2008年，55歲以下的金額限制是15,500美元。

然而，他們的底部購買帳戶並非未稅收入，而是馬克存款中扣稅後的實質薪資。401（k）對稅後資金的限制比稅前資金寬鬆許多。在2008年，提撥至401（k）的最高上限，必須低於員工稅前收入的100%，或是46,000美元。即便馬克動用底部購買帳戶的錢，也不會接近這個底限。

奇小型成長股基金下跌42％、埃克森美孚跌了15％。另外，在這一整年，馬布爾連一美分的配息都沒有，只有埃克森美孚的配息從每季0.35美元變成0.40美元，瓦薩奇小型成長股基金的配息比上一年少了5.8美分，國防精選的配息則是少了0.4美分。

莎瑪投資成果的數字更難看。長葉夥伴基金下跌53％、富達全球成長與收益基金下跌52％、藝匠國際基金與普信全球股票型基金下跌50％、奧本海默環球策略收益基金跌了21％。其中，只有太平洋總回報債券基金逃過一劫，跌幅僅

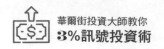

5％。

壓垮蓋瑞特的最後一根稻草，是在12月8日的《華盛頓郵報》中，羅伯特・沙繆森（Robert J. Samuelson）寫道，儘管聯準會為了放寬信貸力挽狂瀾，信貸似乎仍在嚴峻的衰退中緊縮，因為情況與他們想要的相反。私部門正在抵銷公部門的作為，放貸機構都被虧損嚇壞了，害怕未知的事物。雷曼兄弟9月突然破產，加劇他們的焦慮。緊縮的信貸結合消費者的悲觀主義，導致支出降低，這將提高失業率，造成更多違約。

蓋瑞特之所以留在股市，部分原因是他相信聯準會將拉抬股價，但聯準會看起來無能為力。經過痛苦的煎熬，蓋瑞特在2008年12月底賣掉401（k）裡的所有部位，等待更好的時機再進場。他告訴妻子先把一切變現，再重新評估投資組合。2002年秋季時，他曾這麼做過一次而且有效，也許這次可以再度成功。

莎瑪也受不了了。唯一沒讓她失望的是太平洋總回報債券基金，掌舵者是傳奇人物葛洛斯。當全世界都哀鴻邊野時，這檔基金在2008年僅跌了5％，而且加總起來，每單位每月總共配了1美元債息。神奇的是配息變多了，從1月的0.41美元增加到12月的5.39美元。**莎瑪還記得網路泡沫崩解那段令人痛苦的時期，但這次的熊市更加嚴重，因為她已賠掉3分之1資金。**

於是，莎瑪在2008年12月底，把帳戶所有的錢都轉換成

太平洋總回報債券基金，直到風平浪靜。然後，她再度啟程時，或許會挑選便宜的股票基金。

MSN財經網（MSN Money）指出，這次的衰退絕非聯準會能輕易修正的。諾貝爾經濟學獎得主保羅・克魯曼（Paul Krugman）在《紐約時報》撰文表示，幾年前繁榮一時、獲利成長驚人，薪資成長幅度卻不大，靠的是房市大泡沫取代股市大泡沫。但是，自從房市泡沫崩解，維持經濟的消費力道也不會再回來了。

在《華爾街日報》，專欄作家霍爾曼・詹金斯（Holman Jenkins）悲歎，在銀行紓困與自動紓困的過程中，政策越來越扭曲、顛三倒四，並且預測壞政策的惡性循環可能會遙遙無期，直到政治介入為止，而且可能製造出失落的10年。

在如此絕望的環境中，馬克與妻子討論，是否要因應3％訊號術有史以來最大的買進訊號。假如景氣持續探底，馬克被裁員而丟了工作，家裡可能需要那一筆存在信用合作社的16,044美元。

馬克認為，要讓3％訊號術發揮作用，因為這種時刻不常出現。現在買進的確很可怕，但這樣才能達到獲利目標。應該依照訊號操作，動用底部購買資金來買核心標普小型股ETF。他的妻子做個深呼吸，握緊他的手說：「好，我們買吧。」

於是，馬克轉了10,876美元進入401（k）帳戶，回應

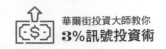

3％訊號術有史以來最大的買進訊號，然後不再討論這件事情。

2009年3月

股市繼續下墜。核心標普小型股ETF跌了17％，馬克與妻子的10,876美元變成9千美元，帳戶餘額剩下59,753美元，但3％訊號術發出第2大買進訊號，因此除了僅剩的餘額1,826美元之外，還需要再投入13,154美元。

他們可以動用存款帳戶裡的5,891美元，回應這次的買進訊號，但一致同意喊停。馬克認為，此時不管在股市買進多少，都會感覺很像笨蛋。

馬克看到12月寫的便條，不禁笑出來，那時他已提醒自己不要理會接下來4個賣出訊號。以季收盤價為基準，標普500指數的近期高點落在2007年第3季，價格是152.58美元，若跌30％則是106.81美元。標普500指數在2008年第4季的收盤價是90.24美元，已經低於這個數字，所以啟動「不出場」規則，必須忽略接下來4個賣出訊號。

在馬克看來，這真是新奇有趣。若要發出賣出訊號，必須股市上漲。但股市上一次上漲是何時？由於目前沒有資金，因此這陣子既不會賣出也無法買進。

蓋瑞特的帳戶只有現金，在12月底是50,926美元，加上每月提撥的錢變成52,555美元。當股市崩盤時，本季國防精

選基金跌了17％，蓋瑞特慶幸自己這3個月毫無痛苦，並認為之後可以用更便宜的價格買回來。

　　莎瑪感覺好多了。太平洋總回報債券基金的葛洛斯真是鬼才，莎瑪的帳戶餘額46,556美元在12月底投入這檔基金後，便成長至48,861美元。相較之下，她賣掉的部位在第一季都持續下滑：富達全球成長與收益基金跌了12％、藝匠國際基金跌了10％、普信全球股票型基金跌了9％、奧本海默環球策略收益基金跌了6％、長葉夥伴基金跌了2％。莎瑪慶幸自己逃過一劫，甚至開始懷疑要不要買回股票基金。

　　約翰‧普蘭德（John Plender）在2009年3月2日的《金融時報》中提到，全球股市持續走跌，實質上已流失了從1997—98年亞洲經濟風暴至2007年信貸危機這段時間的全部獲利。他還指出：

　　哈奇資本管理公司（Harch Capital Management）的基金經理人麥可‧列維特（Michael Lewitt）指出，實際上機構投資人所遵循的，或是他們的組合型基金（funds of funds，譯註：是指以其他基金為投資標的的基金）顧問所建議的，到最後都演變成一場徹底的災難。

　　列維特還表示，在信貸泡沫時期的榮景中，分散投資的效果不大，因為所有的資產類別都上漲。當泡沫破裂使各種資產類別毫無差別地全部下跌時，基金經理人傾向集體行動，把自己的風險極小化，把投資人的利益擺在次要。

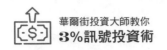

在《富比士》（*Forbes*）3月5日的〈美國金融體系已經實質破產〉文章中，「末日博士」魯里埃爾・魯比尼（Nouriel Roubini）寫道，**風險升溫的全球 L 型衰退，可能比近期的 U 型全球衰退更加痛苦**。全球經濟同步衰退的規模與速度，實在是前所未見，GDP、所得、消費水準、房地產投資，都有如自由落體般下墜，更凶險的是，世界各地股價從高點下跌50％，房價跌了25％、又跌了20％，強烈地衝擊每個家庭的淨資產。

面對股價的任何上漲，魯比尼都提醒，美國與中國提供的刺激經濟成長與活動政策，讓股市在第2季或第3季可能出現短暫反彈。然而，在減稅措施的效應消褪，以及基礎建設工程專案都完成後，振興政策將會減弱。

以上是2009年3月的氛圍。股市還會處於低點好長一段時間，即便股市振作起來，也只是再度下挫前的暫時現象。無論做什麼都好，別押錢在股票投資上。

蓋瑞特當然不會，莎瑪也是如此。馬克買進後，盡力在下一季來臨前不理會這些雜音。

2009年12月

股價上漲了，而且漲很多。蓋瑞特、零效度意見專家與事後諸葛都快速指出，這可能是短暫的反彈，任何人買進或持有股票而獲利，都只是因為走運，而且是在玩火。

　　這就是為什麼馬克遵守「跌30％不出場」規則，會有一段辛苦的時期。自從3％訊號術開始實行，已經發出2次大規模的買進訊號，一次在2008年第4季，另一次在2009年第1季，而2次大規模的賣出訊號，則分別在2009年第2季與第3季。

　　2009年6月底，3％訊號要馬克賣掉總共10,595美元的核心標普小型股ETF，當時該基金在第2季季末成長22％。然後2009年9月底，3％訊號要他賣掉這檔基金的9,985美元，而這檔基金在第3季又成長了18％。

　　蓋瑞特認為馬克是個傻瓜，才會把身家都押在股市裡，「而且居然是小型股」。6月時，蓋瑞特告訴馬克，賣空專家道格・凱斯（Doug Kass）在3月從看空轉為看多時精準出手，如今股價上漲40％，他卻突然看到前方有坑。凱斯認為投資人過於樂觀。

　　馬克很快地回應蓋瑞特說：「很好啊。」馬克對股票沒有展現太多情緒：「我看了3％訊號，只是沒有足夠資金照著做。不過我在12月買進，3月時也量力而為買了一些，然後3％訊號術要我抱著不動，就這麼簡單。」

　　9月，蓋瑞特依舊滿手現金，莎瑪還是全押在太平洋總回報債券基金上。馬克不理會3％訊號術發出的第2次賣出訊號，見證了4個大波動季度，包括2次下跌與2次上漲。

　　蓋瑞特問馬克：「你真的要一直持有小型股嗎？」2009年9月7日，他用電子郵件寄給馬克一個連結，其中是市場觀

察站的報導：「當道瓊逼近萬點是該擔憂了」。該文以審慎嚴肅的口吻說：「3月時，股價在連續下挫6個月後回升，總算可以鬆口氣。4、5月股價難以捉摸，而6、7、8月市場從虧損中恢復50％，令人振奮。現在到了9月，理應看壞股市，股價修正是難以避免的。」

這篇文章擔憂，企業獲利不佳，華府被健保、金融監管、銀行破產與失業率逼到癱瘓，而且還預測，當股價修正終於到來，股市大崩盤將隨之而來，因為現在股市的正向動能不足。

馬克回信給蓋瑞特：「**如果股價真的開始修正，3％訊號會指示買進，我會照做。**」在第4季，核心標普小型股ETF又漲了5％，3％訊號術發出第3次賣出訊號，只需賣出515美元，而馬克沒有理會，因為在「跌30％不出場」規則下，只剩一次賣出訊號了。

當蓋瑞特滿手現金，莎瑪全都是太平洋總回報債券基金時，馬克的配置是94％在核心標普小型股ETF、6％在債券部位。圖表4-14顯示了他們3人的401（k）帳戶在公司第9個年度的餘額。

彭博新聞（Bloomberg news）專欄作家卡洛琳・鮑姆（Caroline Baum）選擇了「新常態」，做為2009年最過度使用的名詞。這個詞在5月重新收入詞典，當時太平洋投資管理公司（PIMCO，莎瑪最喜愛的投資人葛洛斯創辦的全球投資管理機構，是世界上最大的債券經紀公司）表示，「新常

圖表4-14 2009年12月，蓋瑞特、莎瑪與馬克的退休帳戶餘額

投資人	2009年12月31日的401（K）餘額（美元）
蓋瑞特	57,442
莎瑪	59,755
馬克	95,470

態」將會是經濟成長放緩、監管更嚴格，以及美國在全球經濟中影響力減弱。不久後，人人開始把每件事都稱為新常態，結果讓這個詞失去意義。

　　但更糟的是，人們普遍認為有些事情一去不回。全球經濟成長協會（IGEG）主席理察・朗恩（Richard Rahn）投書《華盛頓郵報》說：「股市長期展望不佳，因為過去100年來政府規模與股市消長之間的關係，一向是此消彼長。」由於美國政府的GDP占比在18個月內從21％成長到28％，因此朗恩抱持悲觀態度。

4-6

第10至13年：世事難料，強者以不變應萬變

在2010年，公司繼2008、2009年的薪資凍漲後再度調薪，雖然只調整2％，但接下來3年，年年調薪3％。圖表4-15是蓋瑞特、莎瑪及馬克的收入與存款成長情形。

圖表4-15 ▶ 2010年至2013年的薪資與提撥

年度	年收入（美元）	月收入（美元）	每月提撥給401（k）帳戶的金額＋50％公司配比（美元）	每月儲蓄金額（4％）（美元）
2010	73,812	6,151	554	246
2011	76,027	6,336	570	253
2012	78,307	6,526	587	261
2013	80,657	6,721	605	269

2010年6月

馬克沒有理會第4個，也是最後一個「跌30％不出場」

的賣出訊號（在第1季出現）。然後在2010年6月，面臨另一個金額超過債券部位可支應的買進訊號。3％訊號投資術要求購買12,479美元的核心標普小型股ETF，但先鋒吉利美只有9,495美元。他是否應該用底部購買帳戶補上2,984美元的差額呢？

這次做出決定比上一次容易得多。首先，債券部位餘額不足，是因為不理會4次的賣出訊號。這4次當中有3次是好的判斷，當時股價直直升，抱股讓獲利累積越高。若馬克在這段期間賣了核心標普小型股ETF，債券基金的餘額應該足夠因應新的買進訊號，但他的整體獲利會變低。

第二，到2010年6月時，馬克的存款帳戶餘額已有9,536美元。眼看存款和退休帳戶餘額一起節節高升，財富效益激發出大膽進取的心態，現在馬克更願意在遇到一個低點時，追加資金投入股市。另外，這可能是他近期最後一次動用底部購買帳戶，因為「跌30％不出場」規則已經結束，接下來賣掉股票部位將擴大債券的餘額收益。於是，他動用存款帳戶裡的2,984美元，依照訊號買進。

蓋瑞特依舊滿手現金，莎瑪也還是全部押在太平洋總回報債券基金，而且兩人都很滿意，因為普遍認為在長期看空的趨勢中，股價依舊被套牢，只是偶爾會反彈一下。這一季標普500指數竟然大幅下跌12％，讓看空的人更加堅定他們的看法。

2010年6月11日，有篇文章的標題是〈為何最壞的情況

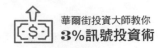

尚未過去〉。加拿大資產管理公司「格樂斯金・謝夫」
（Gluskin Sheff）的首席經濟學家大衛・羅森伯格（David
Rosenberg）告訴《財星》雜誌，目前長期的熊市只走了
60％，建議要建構防禦力，配置30％股票、50％債券和20％
現金。另一方面，黃金長期看多，預測在通膨環境裡，每盎
司金價將來到3千美元，而當時的金價在1千2百美元左右。
蓋瑞特記下了這個觀點。

2010年12月

在公司第10個年度，3個人的401（k）帳戶餘額明顯拉
開了差距（圖表4-16）。

圖表4-16 ▶ 2010年12月，蓋瑞特、莎瑪與馬克的退休帳戶
餘額

投資人	2010年12月31日的401（K）餘額（美元）
蓋瑞特	64,090
莎瑪	71,622
馬克	131,574

蓋瑞特在每個面向都看到看空的論點：零效度意見警
告，聯準會「扼殺美元政策」將造成通膨、歐美元區崩盤、
日本財政赤字擴大、美國經濟復甦無力、勞動參與率告急，

以及股價上漲不是因為基本面改善，而是聯準會主席班・柏南克（Ben Bernanke）的寬鬆貨幣政策。難道大家看不見這是假的復甦？大量印鈔票將製造另一個泡沫。

　　蓋瑞特從自身的經驗學到，漲上去的也會跌下來，而過去兩年漲得太快。他又注意到，凱斯在〈給我塗上更多看空色彩〉這篇文章中發出警告，股市被「過度購買與過度熱愛」拉升，必須謹慎看待利率快速上升。凱斯悲歡，國家領導人選擇了好走的路，但財政赤字不斷成長，導致不會有任何實質意義的進展。債券嗅到血腥味，看出這種慣性走向，勢必要求支付更高的利率。

　　但蓋瑞特覺得應該做點什麼才行。他聽說莎瑪的全債券投資組合績效很好，打算照著操作，直到找到一檔會漲的股票。他不想成為不斷換股又追高殺低的笨蛋，也受不了滿手現金毫無建樹。

　　根據他愛看的電子報，債券最美好的時光可能已經過去。當投資人尋求安全時，債券就賣得很好，但是當歐洲危機加速惡化，聯準會再次啟動QE2量化寬鬆政策，購買價值6千億美元的長期國庫券時，利率卻沒有降低。

　　有些債券觀察家說，在市場上如此海量購買債券，利率卻沒有降低，原因或許是債券價格已到頂點。這讓蓋瑞特覺得把資金全都押在債券上不太保險，因此決定只投入一半。

　　蓋瑞特把錢投進雙線總回報債券基金（DoubleLine Total Return），首席經理人傑佛瑞・岡拉克（Jeffrey

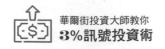

Gundlach）是少數能與葛洛斯媲美的高手。岡拉克從1993年至2009年，在全球資產管理公司（TCW）掌管一檔基金，2007年9月時，在次貸災難中表現出色。

蓋瑞特記得岡拉克在2007年9月預言，不動產抵押貸款的犯罪與違約將會加速惡化。岡拉克2009年離開全球資產管理公司，在2010年4月成立雙線總回報債券基金，這檔基金在8個月內就漲了16％。他們把一半的錢放在長期、政府擔保的不動產抵押貸款，另一半用非常優惠的價格買進政府未擔保的貸款。

蓋瑞特認為這是聰明的決定，讓他重返投資行列，也不用擔心股價過高的風險。另外，蓋瑞特動用帳戶4分之1的錢購買黃金。從夏季以來，他開始尋找對抗通膨的工具，在網路閱讀有關黃金跟白銀的文章，也購買謝恩・麥圭爾（Shayne McGuire）的著作《硬通貨：步步為盈黃金投資》（*Hard Money: Taking Gold to a Higher Investment Level*）。麥圭爾掌管德州教師退休基金（Teacher Retirement System，簡稱TRS，是世界最大的養老基金之一）的全球研究中心，並負責操作資產規模達5億美元的GBI（Best Gold Investments）黃金基金。

麥圭爾說黃金是「賣空政府的最佳方法」，並主張當通膨急遽上升，政府赤字也激增時，買黃金的勝算很高。當大眾越來越質疑當局大量印鈔，跑去購買供應激增的政府債券，就可能爆發惡性通膨，這時候黃金是唯一可信的通貨標

的，其稀缺的本質讓其價值隨著紙鈔的大量供給而水漲船高。

蓋瑞特認為黃金可以為他的帳戶打上一劑腎上腺素，因為根據麥圭爾的說法，過去10年，股市下跌24％，黃金卻上漲280％，就連2002至2007年這個股市多頭期間，黃金也打敗股市績效。這非常有說服力，因為在2009年3月熊市觸底後，金價還繼續上漲。

蓋瑞特經過深思熟慮後推斷，若要彌補失去的時間，必須大膽進場。他的債券配置已經夠安全，所以拿出4分之1的現金購買道富財富黃金指數基金（SPDR Gold Shares），這是流通最廣的黃金ETF。於是，2010年12月底，蓋瑞特的投資組合，如圖表4-17所示。

圖表4-17 蓋瑞特在2010年12底的投資組合

投資項目	配置（％）
現金	25
雙線總回報債券基金	50
道富財富黃金指數基金	25

莎瑪也準備好要變動了。理財規畫師說服她，把部分資金從太平洋總回報債券基金挪出來轉進股市。規畫師建議說：**「照妳的年紀，不能把錢全都拿來買債券。」**但莎瑪不希望再經歷一次股市崩盤，因此她認為債券比股票好太多。

她勉為其難同意把帳戶一半資金轉進股市，平均投入藝
匠國際基金與長葉夥伴基金。藝匠國際基金在2010年波動很
大，但分析師認為這是因為布局被低估的歐洲股票，將來會
值回票價。長葉夥伴基金浴火重生，2010年的績效打敗了
95％的混合型共同基金。於是在2010年12月底，莎瑪的投資
組合如圖表4-18所示。

圖表4-18 莎瑪在2010年12底的投資組合

投資項目	配置（％）
藝匠國際基金	25
長葉夥伴基金	25
太平洋總回報債券基金	50

12月底，蓋瑞特與莎瑪都將他們每月提撥的金額，分成
相應的配置比例。馬克很開心回到不必理會市場的模式，
3％訊號投資術的「跌30％不出場」規則已經結束，重新開
始依據訊號操作。馬克在按照2010年第3季與第4季兩個大賣
出訊號，分別賣掉核心標普小型股ETF 5,397美元與12,719
美元之後，債券部位的占比回到17％。

每當蓋瑞特告訴馬克一些預測或資訊，馬克都只比出3
隻手指頭代表3％訊號術，然後說：「祝你好運。」

(s) 2011年12月

在公司第11個年度，3個人的401（k）帳戶餘額顯示，馬克幾乎是其他人的2倍（圖表4-19）。

圖表4-19 2011年12月，蓋瑞特、莎瑪與馬克的退休帳戶餘額

投資人	2011年12月31日的401（K）帳戶餘額（美元）
蓋瑞特	75,5122
莎瑪	77,863
馬克	145,738

不過，蓋瑞特感覺好多了。這一年來，包含提撥的金額在內，他的債券與黃金雙管投資組合已成長18％，從64,090美元上升至75,512美元。此外，他的雙線總回報債券基金績效打敗了莎瑪的太平洋總回報債券基金，價格成長1％，每單位每月配息88.2美分。相形之下，太平洋總回報債券基金的價格持平，配息只有39.5美分。2011年底，雙線的收益是8.0％，而太平洋只有3.6％。

更重要的是，蓋瑞特發現了債券的樂趣。雖然雙線的價格一整年只有微幅波動，但不管新聞報導說什麼，月月都照樣每單位配息7美分。他現在明白，為什麼在次貸危機時，莎瑪會把全部的錢轉進太平洋總回報債券基金，並且表現如

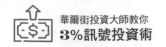
此出色。其實，債券一點也不壞，但電子報從來沒有引導他
這麼想。

更棒的是，蓋瑞特對黃金的押注很順利，一年下來漲了
快10％，起初1月跌了6.4％，讓他差點想出場，但他堅持抱
著，並用每月提撥的金額買進更多單位，而道富財富黃金指
數基金這一年來反彈得很漂亮。

不持有單一個股或股票基金，就能達成這麼超群的收
益，真是令人滿意。黃金和債券給人非主流的感覺，蓋瑞特
用這兩個做為投資組合，讓他覺得自己很特別。他告訴妻
子：「就讓庶民去買股票吧，我們會抓牢債券與黃金。」

同時，莎瑪感到洩氣，因為買了股票讓績效變差。藝匠
國際基金在2011年跌了9％、長葉夥伴基金跌了6％。若她維
持100％配置在太平洋總回報債券基金，帳戶餘額應該是
81,329美元，結果現在只有77,863美元，雖然差距沒有很
大，但讓她更加認為把錢交給葛洛斯是對的。

12月的某日，莎瑪跟理財規畫師提到這一點。規畫師表
示，歷史會證明多樣化投資最終會值回票價，或許會因藝匠
國際與長葉夥伴基金反彈而受益。相對地，不管發生什麼
事，太平洋總回報債券基金都只會漲。難怪葛洛斯早就是億
萬富翁，大家都叫他債券天王。

馬克除了每季照著3％訊號操作外，什麼都沒做。這一
年的第3季，3％訊號術發出一個大買進訊號，得買進28,095
美元的核心標普小型股ETF，由於債券部位有29,249美元，

所以毫不遲疑就下單。到了第4季，3％訊號術發出收割獲利的訊號，馬克賣掉15,826美元的核心標普小型股ETF，債券部位占比又回到寬裕的13％。

馬克沒注意到的是，零效度意見正在為一場風暴發愁，他們肯定不會建議買進。最普遍的擔憂是歐巴馬總統的政策，會使美國經濟因為高達14兆美元的國債而窒息。2011年9月15日，《金融時報》有一篇〈經濟學家：雙降衰退，雙倍變差〉的報導表示：

今天一系列經濟數據出爐，證實經濟學家憂心的2次衰退跡象已變得強大。每週領失業救濟金的人數創兩個月新高，勞動部的數據顯示，上週申請失業救濟的人數增加1萬1千人，來到42萬8千人。經濟學家認為，申請人數得降至37萬5千人以下，才能顯示聘僱人數正在增加，並降低國內9.1％的失業率。

年底時，有些股市評論家還在擔心疲弱的經濟復甦。2011年12月17日，美國經濟學家傑納·艾波斯坦（Gene Epstein）在《巴倫週刊》提到：「2008至2009年經濟衰退的復甦，是二戰後所有衰退當中最漫長的。從2009年第2季衰退結束迄今，費時9個季度，實質國民生產總值才重新攀上2007年第4季的高峰。」

在2011年12月31日的《華盛頓郵報》中，尼爾·艾文

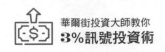

（Neil Irwin）為這一年做出總評，文章標題是〈2011年狂野之旅後，股市重回起點〉，開頭就寫道：「歷經一年的動盪，扎實的反彈與駭人的下跌，美國股市就像雲霄飛車，最後幾乎剛剛好回到了起點。」

隨著2011年的結束，累積越來越多不同的預測。股價之所以不上不下，普遍被歸因於希臘16億歐元的債務違約，不僅歐洲銀行遭殃，還爆發潛在的全球現金緊縮，美國就業市場再次崩潰，儲蓄率越來越低，加上華府運作失常，導致財政危機與國債降級，對金融市場造成嚴重衝擊。

我們是否該接受這些意見？專家有時說對，有時說錯。那麼該注意哪些重點呢？

2012年12月

在公司第12個年度，3個人的401（k）帳戶餘額還是差距很大，如圖表4-20所示。

圖表4-20 2012年12月，蓋瑞特、莎瑪與馬克的退休帳戶餘額

投資人	2012年12月31日的401（K）餘額（美元）
蓋瑞特	87,400
莎瑪	97,101
馬克	174,282

　　蓋瑞特超級興奮，又開始關注零效度意見，和人爭論投資黃金的前景。沒有其他資產像黃金這樣引發這麼多的論點，有一半的評論員認為黃金長期而言沒有價值，因為它是不具生產性的資產，價值僅僅來自於稀缺性。另一半的評論員卻認為，黃金的價值無可限量，因為稀缺性使得黃金在無止盡印鈔的世界裡，成為唯一能夠保值的通貨媒介。

　　在辯論激烈進行的2012年，蓋瑞特的黃金指數基金部位整年都處於低潮。金價在第4季不斷下滑，從2012年10月初的1,800美元，到12月底已跌破1,700美元。主流財經媒體的零效度意見指出：「黃金已經失去光澤。」

　　但是，有兩份電子報不為所動，繼續看好黃金，理由是認同托克維爾黃金基金（Tocqueville Gold Fund）的經理人道格・葛羅（Doug Groh）在12月的評論：「**全世界的貨幣政策，都在敦促投資人尋求當地貨幣的替代品。**」也就是說，已開發國家正在讓貨幣貶值，新興市場卻在大買黃金，並預測可能突破2,000美元，甚至挑戰2,400美元大關。

　　不知為何，蓋瑞特這次沒有買單。「或許是直覺吧，」他告訴妻子：「我認為金價已經回應貨幣政策，政府已經印了4年鈔票，卻沒有發生通貨膨脹。我認為這是金價開始走跌的原因，而且會繼續跌下去。」

　　此外，蓋瑞特研判所有看空都是錯的。他早該在2009年3月借錢也要把股票基金買回來，當時所有的白癡都說世界末日就快來臨，結果當然沒來。顯然在經歷這一切之後，這

些新聞也不會讓情況變得更糟。

為什麼蓋瑞特要等便宜？他向自己承諾，將更加留意看多的消息，同時不再理會「華府即將墜入財政懸崖」等看空的疑慮。每個人都對民主與共和兩黨，無法完成削減預算的協商感到沮喪，這會引發全面的支出縮減與稅賦加重，導致經濟蕭條，讓失業率更高。

看多的人認為，私部門成長3％，就能提升房價、推升股價，加上有這麼多資金待在債券市場裡，只要有一些錢轉進股市，就能把股價推得更高。在2012年12月10日的《金融時報》中，亞德尼投顧研究公司總裁艾華·亞德尼（Edward Yardeni）表示：

應有足夠的成長率，來推升標普500大企業的收入與獲利約5至7％。明年的價值乘數（valuation multiples，譯註：指企業市值與某個重要參數之間的關係，如本益比）應該會上升。若真是如此，多頭會繼續下去──只要兩黨的財政協商盡快完成。即使並非如此，股價的向下修正也能提供很多買點。

一週後，《巴倫週刊》的封面故事〈展望2013〉報導：「近期訪問10位分析師，結果顯示來年將有更多獲利。他們2013年對標普500的預測極佳，達到1,562分。這表示股價將上升10％。」

　　因此，蓋瑞特決定重返股市。他厭倦了徒勞無功，想要逐步增加攻擊性。他訂閱的電子報中有一則消息指出，富達投顧小型股基金（Fidelity Advisor Small Cap fund）已經準備一飛沖天。這讓蓋瑞特深受吸引，覺得富達的基金有機會擊敗馬克傻傻、快樂長抱好久的小型股ETF。

　　富達投顧小型股基金的表現在2012年落後同類型基金，但經理人傑米・哈蒙（Jamie Harmon）鎖定優質股，進行更廣泛的多樣化投資，於是2013年的績效令人期待。哈蒙7年來掌理這檔基金，績效領先大多數同業，短期的受挫看似一個強勁的機會。

　　如此一來，蓋瑞特在債券部位，有了擊敗莎瑪的雙線總回報債券基金，而在股票部位，有了可能擊敗馬克的富達投顧小型股基金，因此可望在最後獲利超車。

　　為了以防萬一，蓋瑞特想要補上第3檔基金，但在讀過另一篇小型股成長潛力的評論後，就改變主意了。他決定把一半的帳戶餘額集中於小型股，另一半則投入雙線總回報債券基金。圖表4-21是蓋瑞特2013年的投資組合。

圖表4-21　蓋瑞特在2013年12底的投資組合

投資項目	配置（％）
雙線總回報債券基金	50
富達投顧小型股基金	50

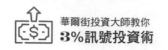

　　蓋瑞特確信這樣做能讓投資回到正軌，包括看準時機從黃金出場，轉進一檔績效潛力無窮的小型股基金，以及一檔優質的債券基金。

　　另一方面，莎瑪很滿意目前3檔基金的投資組合，這一年來包括新提撥的資金在內，整體已成長25％。她的兩檔股票基金終於開始賺錢，藝匠國際基金成長24％，長葉夥伴基金配息有4.52美元。

　　莎瑪的理財規畫師一直問：「重回股市開不開心？」之前莎瑪一直很不安，但現在真的覺得開心。2年前重新配置投資組合時，藝匠國際基金與長葉夥伴基金各占4分之1，太平洋總回報債券基金則占2分之1，每月提撥的現金也是按照這個比例配置。2年來的投資組合都沒有改變，如圖表4-22所示。

圖表4-22　**莎瑪在2013年12底的投資組合**

投資項目	配置（％）
藝匠國際基金	25
長葉夥伴基金	25
太平洋總回報債券基金	50

　　對莎瑪來說，即便股市應該算是多頭，還是很難割捨掉債券部位。這就是為什麼莎瑪一直抗拒理財規畫師的建議，把更多債券部位轉換成股票。她堅持要將帳戶裡一半的錢，

配置在一檔從來沒讓她失望過的債券基金。

至於馬克，他只是照著3％訊號術操作，想都沒想過要布局，或是預測股市之後會發生什麼事。3％訊號投資術在2012年有2季發出買進訊號，還有2季發出賣出訊號。在最近的第4季，政黨為財政問題爭吵不休，訊號顯示要買進3,226美元的核心標普小型股ETF，如此一來，馬克的債券配置仍占帳戶的16％，可以是相當寬裕。

他照例每季花15分鐘簡單進行計算，然後下單交易，就和家人一起去度假了。

(S) 2013年6月

在第13個年度上半年，3個人的401（k）帳戶餘額顯示，馬克遙遙領先，如圖表4-23所示。

圖表4-23　2013年6月，三位投資人的退休帳戶餘額

投資人	2012年6月401（K）退休帳戶餘額（美元）
蓋瑞特	97,971
莎瑪	102,929
馬克	200,031

蓋瑞特很開心見到他的直覺得到好的結果，金價在2月跌破每盎司1,600美元，之後持續走跌，到6月時已低於1,250

美元。他賣在162美元的道富財富黃金指數基金，到12月底已跌到119美元。他密切觀察市場，避開了大部分投資人遭遇的27%跌幅。同時，他賣掉黃金基金轉換成富達投顧小型股基金，同樣在6個月後上漲16%，更讓他覺得這次的調整倍加聰明。

蓋瑞特的雙線總回報債券基金，輕鬆打敗了莎瑪的太平洋總回報債券基金。雙線價格跌了2.7%，配息有25.2美分，而太平洋跌了4.3%，配息只有13美分。可惜，富達投顧小型股基金的表現沒有超越馬克的核心標普小型股ETF，兩檔基金上半年同樣上漲16%，但是富達沒有配息，核心標普小型股ETF則配了49.6美分。不過，蓋瑞特決定長抱，因為或許富達才剛要開始領先大盤。

無論如何，蓋瑞特對上半年投資成果整體成長12%感覺良好。這不僅打敗了莎瑪的6%，距離馬克的15%也沒有很遙遠。

莎瑪對太平洋總回報債券基金深具信心，因此能忍受它短期下跌，事實上債券市場也面臨棘手的問題。《紐約時報》在2013年6月24日報導，散戶賣掉480億美元的債券共同基金，打破史上紀錄，這還只是6月到目前為止的數字。對沖基金與其他大型機構投資人，也一直在「處理債券部位或是撤出債券市場」。

對沖基金格雷洛克資本（Greylock Capital）的總裁漢斯·何摩斯（Hans Humes）告訴媒體：「你從債市走出來

的感覺是，大家先賣了再說。」

　　從4月底到6月底，葛洛斯的基金虧損了5.1％，而且5月和6月的配息分別只有2.2美分和1.7美分。媒體砲轟葛洛斯，批評他讓基金曝險。當時的聯準會主席柏南克，在5月22日告訴國會，這一年稍後，可能會開始縮減刺激經濟的債券購買。

　　2013年6月25日葛洛斯為自己辯護，《巴倫週刊》寫道：「高度的槓桿操作，包括本土與海外，已讓全球經濟對利率變得更加敏感。10或20年前，聯準會只要把聯邦利率調高500個基點（相當於5％），就很可能讓經濟體系踩煞車。但到了今天，聯準會突然調升或調降利率，經濟體系的調整很慢。這在在都顯示，賣掉國債的投資人若預期聯準會將從容退出市場，恐怕要失望了。」

　　投資人已在5月從葛洛斯的基金贖回13億美元，這檔基金今年跌了4％，落後93％的對手。莎瑪心想，碰到這樣溫和下跌也憂心忡忡的人，顯然沒經歷過這些年的股市崩盤。她繼續把錢留在太平洋總回報債券基金，是因為確信債券目前只是小跌，將會自行導正位置。

　　同一時間，**馬克錯過所有的股債市戲碼，在家做他每季一次的算數**。3％訊號投資術在這一年發出2次賣出訊號，少的那次只有202美元。第1季賣掉11,470美元，讓債券部位增加到24％，到第2季賣出後都還維持這個占比。

　　馬克的核心標普小型股ETF正經歷另一場多頭，若債券

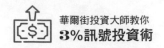
部位再度達到30％，要讓配置重新回到20％，就像11年前網路泡沫後的反彈，而馬克也是這麼做。「世事難料就保持不變」，馬克完成本季的功課，便闔上筆電、出門散步了。

4-7

為何不論股市漲跌，馬克都能穩定創造高績效？

　　你想要依照哪一位投資人的方式操作呢？事實上，選擇蓋瑞特的人比你想得還要多，參考當下的新聞或專家，從一個標的轉移到另一個標的，但是這些想法大多會隨著時間而消失。

　　蓋瑞特相當聰明好運，他的投資組合集中在最合理的幾個標的。但在真實世界裡，投資人的投資組合中會有幾十個部位，導致績效不彰。

　　整體來看，蓋瑞特表現不差。富達空運基金在2002年第1季表現優異，蓋瑞特每個月提撥金額，連續6個月放在安全的現金部位，因此可以如他所願，在股市大跌時便宜買進。富達精選國防及航空航天基金在伊拉克戰爭的頭幾年獲利出色，埃克森美孚在2008年的次貸崩盤中不僅屹立不搖，甚至支付較多配息。

　　此外，在2013年金價暴跌前，蓋瑞特就將黃金全部脫手，轉進雙線總回報債券基金，更是傑出的投資判斷。

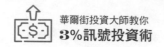

　　然而，下對了幾步棋，比一步棋都沒下對更糟，因為助長了虛妄的希望。蓋瑞特的錯誤恰恰是判斷力夠好，讓他一直幻想能用投資技巧擊敗市場。蓋瑞特對自己很有信心，把在多頭時不斷增值的帳戶餘額歸功給天份而非運氣，而且他分析的專家建議其實都是零效度意見。蓋瑞特是一個原型，也是一個借鏡，我們至少要肯定他身處在零效度環境裡，仍做對了幾件事。

　　莎瑪的績效比較好，花在管理帳戶的心力也比較少。她精心研究投資組合，並持續定期定額投資。雖然成本有越來越高的傾向，但在2008年秋季的次貸危機中，莎瑪決定轉進太平洋總回報債券基金，比蓋瑞特那類上百萬名投資人決定認賠變現好多了。

　　當然，馬克的績效最好，而且心理壓力與交易成本也最低。他依照3％訊號操作，在金融最混亂的時期保持平靜。即便是最沉著的投資人，也很難不理會次貸崩盤的大股災。運用3％訊號投資術的人必須理解，在股市崩盤時，買進訊號要求的資金可能大於債券部位餘額，而你或許沒有勇氣動用底部購買帳戶。

　　最慘烈的新聞會產生最好的買進價格，我們卻很容易因為恐懼，而無法利用漂亮的買點，所以需要訊號來克服這種弱點。訊號會告訴你要做什麼，你即便無法確實照做，就像2009年3月馬克在熊市最底部時那樣，但是你遵照3％訊號術的精神去操作，結果也會優於分析或詮釋所謂專家發出的資

訊雜音。

那些專家大聲疾呼、高談闊論，無論是買低或賣高，他們根本搞不清楚重點，以及應該做什麼。股價低時，我們會恐懼，變成勸人謹慎行事的災難預言者。股價高時，我們會貪婪，則變成勸人大膽進場的啦啦隊。即使只有一半的聲音勸人買高賣低，人們還是傾向於追隨錯誤的觀點。

無論是買在高點或是賣在底部，不需要走錯幾步棋，就會對績效造成永久性的傷害。問問蓋瑞特或莎瑪就知道了，他們錯過2009年3月低點時的大多數反彈，可能就錯過與馬克一樣高獲利、安穩退休的機會。

訊號不受感情左右、堅定不移，比零效度意見和頂級經理人組合還聰明。莎瑪的選擇相當出色，在相同時間框架下，表現得比幾乎所有401（k）帳戶都還要好，因為大多數投資組合裡的基金都表現平平，卻索價過高。

你可以確定，以平淡無奇的ETF實行3％訊號投資術，就能擊敗明星投資組合，像是藝匠國際基金、長葉夥伴基金和太平洋總回報債券基金。

事實上，在極端時期，股票交易往往令人卻步，卻是買低賣高的最佳時機。這時候，連高評等的基金也只能依照指數操作，但要人們支付高昂費用。

你或許認為在這段期間，蓋瑞特與莎瑪在熊市底部沉不住氣，而馬克撐過去，只是湊巧而已。當時，大多數人選擇出脫持股，而3％訊號術的重點則是在熊市買進，並在底部

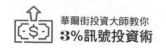

長抱，因為投資人多半會犯錯。例如，蓋瑞特聽從零效度意見，把基金全部贖回，而且大多數的投資人在信貸崩盤時，做了同樣的事。

2008年12月22日，《華爾街日報》一篇〈股票投資人失去信心，出場金額創紀錄〉的文章報導，根據美國投資公司協會的資料，光是10月這個月股票基金就流失720億美元的資金，截至年底，更達到2,340億美元。投資人甚至對於每一種基金都感到恐慌，包括：國內股票基金、世界股票基金、混合型基金、總報酬債券基金、應課稅債券基金與市政債券基金。

那些聰明錢沒有表現得更聰明，2008年12月14日《紐約時報》有一篇〈投資人逃亡令基金緊張〉的報導指出，由於投資人爭相殺出，越來越多的對沖基金正在努力減緩大量資金出走。

有一家投顧公司掌管約兩百億美元資產，該公司代表人說，隨著股市崩盤，數月以來，資金出走潮越演越烈。在2008年第4季，有1,520億美元資金逃離對沖基金。一直到年底，投資人對風險的厭惡始終維持在歷史新高。而且，贖回的動作是全面性且無差別的，根本不在乎基金的策略、投資區域、資產規模或是獲利績效。

蓋瑞特與莎瑪在逃離股市時並不孤單，我們很容易理解箇中原因，但馬克的3％訊號卻建議他跳進股市，事實證明訊號反其道而行是正確的。

　　這段歷史的主要教訓是，幾乎所有的股市資訊都是雜音。本章中反覆出現的新聞主題，肯定會在財經媒體一再出現。這個世界總有某處出現衝突，也總有人擔心會影響股價。聯準會的政策總是被當成佐證，用來解釋股價太高或是太低。政府部門總是運作失常，把國家推向懸崖或是某個錯誤方向。

　　零效度意見會繼續列出推薦的低價股的清單，期待戲劇性的反彈，但有些會、有些不會。他們猜對了就歡呼，猜錯了就沉默。

　　遵照這類資訊的投資人也有贏有輸，而這些成果加總起來，獲利並沒有比將大部分資金投入某檔股票基金還要多。

　　分析師從來不說他們錯了，只會說「是進場過早或過晚而已」。隨著時間過去，一再重複出現的主題幾乎沒有一個關乎大局。**我們最好的作法是明智地回應已發生的事情，而不是猜測未來可能會發生什麼事。3%訊號投資術正是為了這個目的而設計。**

　　圖表4-24顯示，從2000年12月至2013年6月，蓋瑞特、莎瑪與馬克的401（k）帳戶餘額有何變化。此圖表使用故事中的12次餘額，做為電腦的資料點。

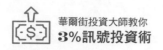

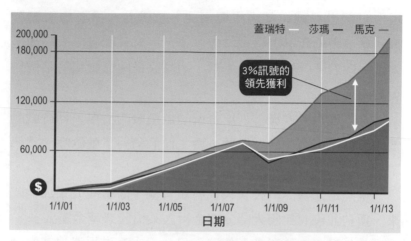

圖表4-24　從2000年12月至2013年6月，蓋瑞特、莎瑪、馬克的401（K）帳戶餘額

2003年至2007年是多頭市場，蓋瑞特與莎瑪的績效雖然落後於馬克，但都很接近。這是因為在剛開始實行3％訊號投資術，或是接近多頭的起點時，人們不會在股價上漲階段全額投資股票。

如我們所見，當3％訊號術發出買進訊號，要求在熊市長抱股票時，它在眾多投資方法當中具有長期領先的傾向。其原因在於，其他的投資方法無法引導人們違反媒體和直覺去操作，結果大多數投資人不僅套牢，又錯過隨之而來的多頭漲幅，而遭受永久性的傷害。但是，像馬克這樣堅持3％訊號術的人，就不會遭逢這種命運。

　　他們3人都設立個人存款帳戶，從2003年開始，提撥4％的總收入。然而，只有馬克動用存款，一次是在2008年第4季，回應信貸危機的大買進訊號而挹注資金，用了10,876美元；另一次是在2010年第2季，回應剛結束「跌30％不出場」規則的第一個買進訊號，用了2,984美元。至於蓋瑞特與莎瑪，從來沒有提領過分毫。圖表4-25是他們在這段期間結束時的存款餘額：

圖表4-25 2013年6月蓋瑞特、莎瑪與馬克的存款帳戶餘額

投資人	2013年6月存款帳戶餘額（美元）
蓋瑞特	29,670
莎瑪	29,670
馬克	15,810

　　事後證實，動用存款帳戶進行底部購買是相當值得的。即使2個買進訊號讓馬克的戶頭少了13,860美元，最終馬克還是領先兩位同事。箇中理由顯而易見：在關鍵的股市底部投入額外資金，績效將永遠打敗把錢擺在靜止不動的現金部位。

　　儘管現實中不太可能，但你或許會知道，3％訊號術與其他變化版本的比較。如圖表4-26所示，其餘10種投資方案用相同的月提撥金額投資所產生的結果。

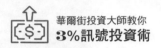
3%訊號投資術擊敗各種投資法

投資法編號	2000年12月～2013年6月的投資方式	起始金額（美元）	每月提撥總額（美元）	所需額外現金（美元）	2013年6月28日401（K）帳戶餘額（美元）
1	蓋瑞特實際	10,000	76,770	0	97,971
2	莎瑪實際	10,000	76,770	0	102,929
3	馬克實際	10,000	76,770	13,860	200,031
4	莎瑪：熊市不賣；從頭到尾都是初始投資組合	10,000	76,770	0	124,646
5	馬克：底部不買。從頭到尾只用債券部位的金額回應買進訊號	10,000	76,770	0	171,253
6	馬克：底部全買，每一個買進訊號都全額投資	10,000	76,770	29,373	238,492
7	定期定額買進SPDR標普500指數ETF，與其他投資法提撥相同金額	10,000	76,770	0	133,773
8	定期定額買進核心標普小型股ETF以持有標普600小型股指數，與其他投資法提撥相同金額	10,000	76,770	0	166,658
9	以80/20的配置，定期定額購買核心標普小型股ETF持有標普600小型股指數與先鋒吉利美，與其他投資法提撥相同金額	10,000	76,770	0	156,998

投資法編號	2000年12月～2013年6月的投資方式	起始金額（美元）	每月提撥總額（美元）	所需額外現金（美元）	2013年6月28日401（K）帳戶餘額（美元）
10	加上和馬克一樣總共額外投入的13,860美元，一起定期定額買進SPDR標普500指數ETF，與其他投資法提撥相同金額，	10,000	90,630	0	155,487
11	加上和馬克一樣總共額外投入的13,860美元，透過定期定額購買核心標普小型股ETF持有標普小型股6百指數，與其他投資法提撥相同金額	10,000	90,630	0	192,613
12	定期定額買進SPDR標普500指數ETF，與其他投資法提撥相同金額，加上總共額外投入加29,373美元，以買足所有買進訊號	10,000	106,143	0	197,793
13	定期定額購買核心標普小型股ETF以持有標普600小型股指數，與其他投資法提撥相同金額，加上總共額外投入加29,373美元，以買足所有買進訊號	10,000	106,143	0	221,667

　　由此可知，即使完美執行，3％訊號術的績效還是打敗所有其他投資法。請看投資法4與5，顯示莎瑪與馬克若遵守初始投資方案沒有任何更動，莎瑪在熊市不賣股票，或是馬克在底部沒買股票，他們最終餘額還是明顯不同，莎瑪是

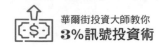

124,646美元，馬克是171,253美元。這是3％訊號術的一大勝利，因為打敗了世界最高評等的主動式管理基金組合，而且費用也比莎瑪少了82％。

請記住，**3％訊號術的績效以鐘形曲線顯示的豐厚部分，大勝由普通基金組成的典型投資組合，就連比較落後的曲線末端也表現得比較好**。絕大多數主動式管理基金的績效，都比莎瑪的投資組合還要差。

接下來，請注意投資法7、8、9，圖表中顯示3位投資人以每月提撥的金額定期定額購買「代號SPY的SPDR標普500指數ETF」、「透過核心標普小型股ETF持有標普600小型股指數」，以及「以80：20的比例配置核心標普小型股ETF和先鋒吉利美」。這三種投資法完美執行定期定額法，打敗莎瑪投資法4的全明星組合，但沒有打敗馬克投資法5的3％訊號術。

觀察投資法10至13，會發現馬克底部購買帳戶的優勢更加明顯。每月提撥相同的金額，把13,860美元平均分散在150個月，定期定額買進SPDR標普500指數ETF與核心標普小型股ETF，結果最終餘額比較低，SPDR標普500指數ETF是155,487美元，核心標普小型股ETF是192,613美元。另一方面，馬克的餘額是200,031美元。

若我們更進一步在每月定期定額的金額中，加上底部購買資金所需的29,373美元，最終SPDR標普500指數ETF的餘額會是179,793美元，核心標普小型股ETF則是221,667美

元，但馬克依照3％訊號術將是238,492美元。

　　我們可以知道，3％訊號術的績效打敗了用定期定額法投資的幾種模式，包括：沒有底部購買打敗高評等基金與指數；部分底部購買打敗了指數，以及全額底部購買打敗了指數。

　　若3％訊號投資術如此明顯打敗了定期定額法，相信你很容易就能理解，為什麼零效度意見與事後諸葛的想法會徹底失敗。

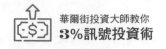
執行摘要 /04

　　本章介紹的3個投資人，蓋瑞特、莎瑪與馬克，在同一家公司賺取相同收入。蓋瑞特追隨零效度意見的建議，自行選擇標的進行投資。莎瑪部署一個優質共同基金的投資組合，以定期定額方式操作。

　　馬克以核心標普小型股ETF與先鋒吉利美，實行3%訊號投資術，即便只有挹注額外資金兩次，但最後的績效遠遠領先蓋瑞特與莎瑪。

- 為了投資而動作頻頻是一種浪費。蓋瑞特與莎瑪為各種基金支付太多費用，績效卻低於馬克的指數型基金。。

- 對執行3%訊號術的人來說，嚴峻的熊市也會帶來情緒壓力。當人人都咒罵股市時，動用底部購買帳戶並不容易，但是值得。

- 買賣會產生重大影響的關鍵時刻十分稀少，因此無論是買在高點或是賣在底部，不需要走錯幾步棋，就會對績效造成永久性的損傷。蓋瑞特與莎瑪在熊市痛苦出場，錯過大部分的反彈漲幅之後，不太可能追得上馬克的帳戶餘額。

- 許多被視為股市上漲或下跌的原因，包括全球衝突、聯準會政策及華府運作失常，隨著時間過去，影響力都逐漸減弱，

- 3%訊號投資術的設計是明智地回應已發生的事，它不考慮可能發生什麼，你也不該費心思量。

The 3% Signal

NOTE

結語

消除情緒干擾，
輕鬆投資不再只是夢想

　　本書一開始，我就邀請你展開一趟讓投資方法變得更優異的旅程。3％訊號投資術將讓你的帳戶以更有威力的方式成長，但不需要花費太多心力，或是帶來過度的壓力。你將不再嚴肅看待在財經媒體裡喊話的人，無論何時遇見投資專家，只要微笑揮個手，知道他們是零效度意見，將被你的投資計畫徹底打敗。

　　基於多年對3％訊號投資術的研究與身體力行，我發現了深層的智慧。股市是人類傾注最龐大的智力資本，進行最勤奮的努力之處，而3％訊號術跳脫股市競爭，以沉默與近乎毫無作為贏過氣喘吁吁的評論員，這一點值得深思。

　　進行深思需要擺脫人類的「猴子腦」，它是在我們兩耳之間很活躍的思考機制，會隨機迸出各種概念。假如我們承認猴子腦的存在，並且駕馭它，我們將獲得更多的滿足。

　　股市是人類猴子腦的放大版本。對許多人來說，金融市場新聞輪播是生活中最大的雜訊和干擾。越是錯綜複雜的情況，越有智慧的方式是就此罷手，把這些混亂減少至簡明的

價格清單，一年造訪這個清單4次，讓毫無情緒的公式告訴你價格的意義，以及你該做什麼，然後完成它。這種比較高明的投資不但績效更優、成本更低，而且占用你有限的時間也比較少。

人生是用來好好過生活，不是用來在零效度意見的環境裡緊張度日。將你的企圖心用在直覺能帶來改變的地方吧，不要為了徒勞地猜想未來而精疲力竭。將你的財務安全裝上自動駕駛裝置，然後將你的心思用在別處。我希望能幫助你做到這一點。你很重要，不該浪費生命在研究股票上。

請保持聯繫。我的電子郵件地址是jason@jasonkelly.com。我會在jasonkelly.com提供最新訊息與更多資訊，而我的郵件清單是免費的。

感謝你閱讀本書，希望你因為3％訊號投資術，讓生活擺脫壓力，享受更幸福快樂的時光。

謝辭

3%訊號投資術的問世，歸功於專業智慧

　　我身邊總是圍繞著很棒的人。

　　我無法想像沒有朵莉絲・麥可斯（Doris Michaels）的生活，她是我至今唯一的代理人。我是她早期的客戶之一，也將成為她最後的客戶。開心過了這麼多年，我們依然一起共事，而且我每年造訪紐約，都能看到她那好得沒話說的丈夫查理。

　　感謝我在普路（Plume）出版社的編輯凱特・納波利塔諾（Kate Napolitano），她和我一起完成《股市獲利倍增術》。在該書第五版即將上市的某個12月天，我們一起共進午餐時，她聽我熱切講述一個讓大眾只投資兩檔指數型基金，就能改變遊戲規則的新方法「3%訊號投資術」。從那時候起，她就跟著我一步步完成這個投資術。

　　許多研究人員為本書內容貢獻良多，感謝他們協助我建置這個投資術，但礙於篇幅，我只能提到其中三位。行為心理學家康納曼（Daniel Kahneman）向我展示，為什麼股市的成功會避開大眾，以及公式的價值。

在公式的部分，我受惠於定期定值法創始人麥克・艾道森（Michael E. Edleson）為了不變的績效目標，而進行再平衡的價值平均概念。伯格（John Bogle）掌理的先鋒基金，40年來始終是指數基金的冠軍，這種低成本的基金正是3％訊號投資術需要的。謝謝你們，希望投資界有更多像你們這樣的人。

我要特別感謝羅傑・克蘭德爾（Roger Crandell），我們會認識是因為他訂閱《凱利投資快訊》，但後來我們成為朋友與共同研究者。他擅長寫程式，為本書提及的過去投資方式提供了許多回測結果，他也用軟體協助核對我的表格程式跑出來的資料。你會感到詫異，要得出簡單的結論，必須消化多麼大量的數據資料。羅傑的協助讓這個任務變得輕鬆一些。

最後，感謝富達投信（Fidelity）、美國投資公司協會（Investment Company Institute, ICI）、晨星（Morningstar）、標準普爾（Standard & Poor's）、先鋒（Vanguard）與雅虎金融（Yahoo! Finance）提供資訊。

NOTE

掌握這些資訊，運用 3%訊號線會更順利

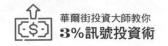
附錄1

馬克先生的投資計畫

你已在前文讀過馬克的3％訊號術之旅。第256頁至第263頁是馬克投資備忘錄，數據是從2000年12月至2013年6月未經調整的價格。你會看到表格中的餘額與前文的數字相差1美元，這是因為在不同範例裡四捨五入，以確保在敘述中正確加總。

表格中有些欄位加上灰底，表格底下有這些灰底欄位的重點概述。馬克每季提撥的現金會隨著時間而改變，每當改變，在新的數字第一次出現之處加上灰底。

在「下單調整」那一行，馬克在2002年第2季，將多出來的先鋒吉利美餘額轉進核心標普小型股ETF，在2009年第1季出現買進訊號時，沒有全額購買，只動用先鋒吉利美的餘額。

在第256頁與第260頁的表格中，第2行是SPDR標普500指數ETF的歷史價格。還有，「跌30％不出場」規則啟動了兩次，每次都敦促馬克略過4次銷售訊號：第一次是2003年第2季至2004年第1季，第二次是2009年第2季至2010年第1季。

　　此外，核心標普小型股ETF在2005年第2季進行股票分割，1股變為3股，欄位中加上底線。

　　如果想取得可列印的表格單頁版本，做為你閱讀第7章的參考，請造訪網頁jasonkelly.com/3sig。

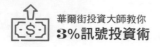

圖表1 ▶ **馬克的投資備忘錄（Q400至Q406，左側）**

季度	SPDR標普500指數ETF的季收盤價	核心標普小型股ETF的季收盤價	核心標普小型股ETF的配息	先鋒吉利美的季收盤價	先鋒吉利美的配息	核心標普小型股ETF每季調整前的單位數
Q400	$131.19	$108.09		$10.24	0.171	74.10
Q101	$116.69	$101.50	0.040	$10.35	0.170	74.10
Q201	$122.60	$114.01	0.036	$10.29	0.167	87.17
Q301	$104.44	$95.50		$10.54	0.164	85.26
Q401	$114.30	$114.40	0.118	$10.38	0.157	111.20
Q102	$114.52	$122.49	0.036	$10.33	0.156	100.92
Q202	$98.96	$114.50	0.051	$10.55	0.154	102.29
Q302	$81.79	$93.14	0.058	$10.76	0.139	132.59
Q402	$88.23	$97.45	0.066	$10.75	0.113	174.73
Q103	$84.74	$91.48	0.049	$10.72	0.045	178.55
Q203	$97.63	$109.65	0.070	$10.70	0.128	203.24
Q303	$99.95	$117.38	0.072	$10.56	0.118	203.24
Q403	$111.28	$134.00	0.082	$10.50	0.125	203.24
Q104	$113.10	$142.40	0.072	$10.54	0.127	203.24
Q204	$114.53	$147.20	0.101	$10.29	0.120	203.24
Q304	$111.76	$144.24	0.094	$10.43	0.120	207.29
Q404	$120.87	$162.71	0.131	$10.44	0.117	222.77
Q105	$117.96	$158.85	0.164	$10.33	0.119	207.73
Q205	$119.18	$55.02	0.105	$10.43	0.120	617.41
Q305	$123.04	$57.76	0.103	$10.31	0.118	678.95
Q405	$124.51	$57.80	0.130	$10.30	0.123	678.92
Q106	$129.83	$65.23		$10.16	0.128	711.57
Q206	$127.28	$62.10	0.105	$9.96	0.129	661.32
Q306	$133.58	$61.29		$10.19	0.131	727,98
Q406	$141.62	$65.99		$10.21	0.132	772.39

每季提撥現金總金額	核心標普小型股ETF每季調整前的餘額	3%成長率＋50%現金提撥（訊號線）	要達成訊號線所需單位數	下單調整
	$8,000			
$1,215	$7,512	$8,848	87.17	
$1,215	$9,938	$9,720	85.26	
$1,215	$8,142	$10,620	111.20	
$1,215	$12,712	$11,546	100.92	
$1,275	$12,362	$12,529	102.29	
$1,275	$11,712	$13,543	118.28	債券部位餘額過量
$1,275	$12,349	$16,274	174.73	
$1,275	$17,027	$17,400	178.55	
$1,341	$16,334	$18,592	203.24	
$1,341	$22,285	$19,821	180.76	不理會賣出訊號
$1,341	$23,856	$23,624	201.26	不理會賣出訊號
$1,341	$27,234	$25,242	188.38	不理會賣出訊號
$1,407	$28,941	$28,754	201.93	不理會賣出訊號
$1,407	$29,917	$30,513	207.29	
$1,407	$29,899	$32,132	222.77	
$1,407	$36,246	$33,799	207.73	
$1,476	$32,997	$35,551	223.80	
$1,476	$36,941	$37,356	678.95	
$1,476	$39,216	$39,214	678.92	
$1,476	$39,242	$41,129	711.57	
$1,551	$46,416	$43,138	661.32	
$1,551	$41,068	$45,208	727.98	
$1,551	$44,618	$47,340	772.39	
$1,551	$50,970	$49,535	750.65	

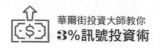

圖表2　　**馬克的投資備忘錄（Q400至Q406，右側）**

季度	核心標普小型股ETF買進或賣出（負號）的單位	核心標普小型股ETF買進或賣出後下單調整的單位	季調整前的先鋒吉利美＋配息再投資＋現金	季調整前的先鋒吉利美餘額	季調整前的先鋒吉利美單位數	所需的額外現金
Q400			195.31	$2,000		
Q101	13.16		316.20	$3,273	187.19	$0
Q201	-1.91		308.61	$3,176	329.75	$0
Q301	25.94		450.15	$4,745	215.12	$0
Q401	-10.28		336.69	$3,495	449.94	$0
Q102	1.39		580.52	$5,997	564.31	$0
Q202	15.99	30.30	688.55	$7,264	359.74	$0
Q302	42.14		483.60	$5,204	118.82	$0
Q402	3.82		239.75	$2,577	205.09	$0
Q103	24.69		331.86	$3,557	121.18	$0
Q203	-22.48	0.00	249.29	$2,667	249.29	$0
Q303	-1.98	0.00	380.45	$4,018	380.45	$0
Q403	-14.86	0.00	514.28	$5,400	514.28	$0
Q104	-1.31	0.00	655.35	$6,907	655.35	$0
Q204	4.05		801.73	$8,250	743.79	$0
Q304	15.48		889.11	$9,273	675.07	$0
Q404	-15.04		820.20	$8,563	1,054.59	$0
Q105	16.08		1,212.92	$12,529	965.70	$0
Q205	7.54		1,125.08	$11,735	1,085.32	$0
Q305	-0.03		1,247.69	$12,864	1,247.85	$0
Q405	32.65		1,414.62	$14,571	1,231.39	$0
Q106	-50.25		1,399.56	$14,220	1,722.16	$0
Q206	66.66		1,907.16	$18,995	1,491.54	$0
Q306	44.40		1,662.92	$16,945	1,395.86	$0
Q406	-21.74		1,565.81	$15,987	1,706.31	$0

說明：
■ 手動輸入數值
■ 手動輸入只動用先鋒吉利美的餘額

加上額外現金的先鋒吉利美單位數	加上額外現金的先鋒吉利美帳戶餘額	先鋒吉利美餘額的占比	核心標普小型股ETF季調整後的單位數	核心標普小型股ETF季調整後的餘額	總餘額
					$10,000
187.19	$1,937	18%	87.17	$8,848	$10,785
329.75	$3,393	26%	85.26	$9,720	$13,114
215.12	$2,267	18%	111.20	$10,620	$12,887
449.94	$4,670	29%	109.92	$11,546	$16,216
564.31	$5,829	32%	102.29	$12,529	$18,359
359.74	$3,895	20%	132.59	$15,181	$18,976
118.82	$1,279	7%	174.73	$16,274	$17,553
205.09	$2,205	11%	178.55	$17,400	$19,604
121.18	$1,299	7%	203.24	$18,592	$19,891
249.29	$2,667	11%	203.24	$22,285	$24,952
380.45	$4,018	14%	203.24	$23,856	$27,874
514.28	$5,400	17%	203.24	$27,234	$32,634
655.35	$6,907	19%	203.24	$28,941	$35,849
743.79	$7,654	20%	207.29	$30,513	$38,166
675.07	$7,041	18%	222.77	$32,132	$39,173
1,504.59	$11,010	25%	207.73	$33,799	$44,809
965.70	$9,976	22%	223.80	$35,551	$45,527
1,085.32	$11,320	23%	678.95	$37,356	$48,676
1,247.85	$12,865	25%	678.92	$39,214	$52,080
1,231.39	$12,683	24%	711.57	$41,129	$53,812
1,722.16	$17,497	29%	661.32	$43,138	$60,636
1,491.54	$14,856	25%	727.98	$45,208	$60,064
1,395.86	$14,224	23%	772.39	$47,340	$61,563
1,706.31	$17,421	26%	750.65	$49,535	$66,957

■ 手動輸入不理會的賣出訊號
■ 受下單調整影響的同一格美元金額
__ 核心標普小型股 ETF 股票分割，一分為 3

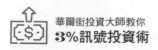

圖表3　馬克的投資備忘錄（Q107至Q213，左側）

季度	SPDR標普500指數ETF的季收盤價	核心標普小型股ETF的季收盤價	核心標普小型股ETF的配息	先鋒吉利美的季收盤價	先鋒吉利美的配息	核心標普小型股ETF每季調整前的單位數
Q107	$142.00	$67.19		$10.21	0.132	750.65
Q207	$150.43	$71.10	0.264	$10.01	0.132	763.30
Q307	$152.58	$69.75	0.123	$10.17	0.133	762.38
Q407	$146.21	$65.02		$10.37	0.134	812.13
Q108	$131.97	$59.93		$10.47	0.130	909.87
Q208	$127.98	$60.17	0.157	$10.26	0.128	1,030.36
Q308	$115.99	$59.51		$10.30	0.132	1,070.57
Q408	$90.24	$43.97	0.250	$10.58	0.126	1,128.60
Q109	$79.52	$36.39	0.124	$10.67	0.118	1,591.83
Q209	$91.95	$44.43	0.114	$10.61	0.114	1,642.02
Q309	$105.59	$52.34	0.127	$10.75	0.103	1,642.02
Q409	$111.44	$54.72	0.170	$10.64	0.155	1,642.02
Q110	$117.00	$59.45	0.126	$10.72	0.125	1,642.02
Q210	$103.22	$54.14		$11.00	0.055	1,642.02
Q310	$114.13	$59.09	0.149	$11.02	0.096	1,872.50
Q410	$125.75	$68.47	0.331	$10.74	0.322	1,871.18
Q111	$132.59	$73.56	0.130	$10.72	0.085	1,595.42
Q211	$191.97	$73.32	0.140	$10.92	0.087	1,541.20
Q311	$113.15	$58.54	0.186	$11.16	0.092	1,604.29
Q411	$125.50	$68.30	0.244	$11.07	0.218	2,084.22
Q112	$140.81	$76.31	0.224	$11.01	0.109	1,852.50
Q212	$136.10	$73.27	0.271	$11.05	0.078	1,719.33
Q312	$143.97	$77.07	0.203	$11.11	0.073	1,856.40
Q412	$142.41	$78.10	0.595	$10.91	0.157	1,829.24
Q113	$156.67	$87.06	0.228	$10.85	0.068	1,870.54
Q213	$160.42	$90.31	0.268	$10.48	0.058	1,738.80
總計			6.107		6.351	

每季提撥現金總金額	核心標普小型股ETF每季調整前的餘額	3%成長率＋50%現金提撥（訊號線）	要達成訊號線所需單位數	下單調整
$1,629	$50,977	$51,836	763.30	
$1,629	$54,271	$54,205	762.38	
$1,629	$53,176	$56,646	812.13	
$1,629	$52,805	$59,160	909.87	
$1,629	$54,529	$61,749	1,030.36	
$1,629	$61,997	$64,416	1,070.57	
$1,629	$63,710	$67,163	1,128.60	
$1,629	$49,625	$69,993	1,591.83	
$1,629	$57,927	$72,907	2,003.49	只動用了先鋒吉利美的餘額
$1,629	$72,955	$62,360	1,403.56	不理會賣出訊號
$1,629	$85,943	$75,958	1,451.24	不理會賣出訊號
$1,629	$89,851	$89,336	1,632.60	不理會賣出訊號
$1,662	$97,618	$93,378	1,570.69	不理會賣出訊號
$1,662	$88,899	$101,377	1,872.50	
$1,662	$110,646	$105,250	1,781.18	
$1,662	$121,957	$109,238	1,595.42	
$1,710	$117,359	$113,370	1,541.20	
$1,710	$113,000	$117,626	1,604.29	
$1,710	$93,915	$122,010	2,084.22	
$1,710	$142,352	$126,526	1,852.50	
$1,761	$141,364	$131,202	1,719.33	
$1,761	$125,975	$136,018	1,856.40	
$1,761	$143,073	$140,979	1,829.24	
$1,761	$142,864	$146,089	1,870.54	
$1,815	$162,847	$151,380	1,743.80	
$1,815	$157,031	$156,828	1,736.56	
$76,770				

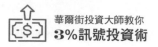

圖表4 馬克的投資備忘錄（Q107至Q213，右側）

季度	核心標普小型股ETF買進或賣出（負號）的單位	核心標普小型股ETF買進或賣出後下單調整的單位	季調整前的先鋒吉利美＋配息再投資＋現金	季調整前的先鋒吉利美餘額	季調整前的先鋒吉利美單位數	所需的額外現金	
Q107	12.65		1,887.92	$19,276	1,803.76	$0	
Q207	-0.92		2,010.41	$20,124	2,016.94	$0	
Q307	49.75		2,212.72	$22,503	1,871.53	$0	
Q407	97.74		2,052.80	$21,288	1,439.95	$0	
Q108	120.48		1,613.42	$16,892	923.78	$0	
Q208	40.21		1,109.84	$11,387	874.00	$0	
Q308	58.03		1,043.36	$10,747	708.06	$0	
Q408	463.22		897.13	$9,492	-1,028.00	$10,876	
Q109	411.66	50.19	171.17	$1,826	0.00	$0	
Q209	-238.46	0.00	171.18	$1,816	171.18	$0	
Q309	-190.78	0.00	343.75	$3,695	343.75	$0	
Q409	-9.42	0.00	528.10	$5,619	528.10	$0	
Q110	-71.32	0.00	708.59	$7,596	708.59	$0	
Q210	230.49		836.22	$9,495	-271.20	$2,983	
Q310	-91.33		176.13	$1,941	665.84	$0	
Q410	-185.76		859.45	$9,617	2,079.71	$0	
Q111	-54.22		2,275.06	$24,389	2,647.12	$0	
Q211	63.09		2,844.57	$31,063	2,420.94	$0	
Q311	479.93		2,620.86	$29,249	103.37	$0	
Q411	-231.72		305.82	$3,385	1,735.51	$0	
Q112	-133.17		1,950.33	$21,473	2,873.33	$0	
Q212	137.07		3,095.14	$34,201	2,186.25	$0	
Q312	-27.16		2,393.04	$26,587	2,581.45	$0	
Q412	41.30		2,879.77	$31,418	2,584.10	$0	
Q113	-131.75		2,806.88	$39,455	3,864.01	$0	
Q213	-2.24		4,103.05	$43,000	4,122.35	$0	
總計						$13,859	

說明：
■ 手動輸入數值
■ 手動輸入只動用先鋒吉利美的餘額

加上額外現金的先鋒吉利美單位數	加上額外現金的先鋒吉利美帳戶餘額	先鋒吉利美餘額的占比	核心標普小型股ETF季調整後的單位數	核心標普小型股ETF季調整後的餘額	總餘額
1,803.76	$18,416	26%	763.30	$51,836	$70,252
2,016.94	$20,190	27%	762.38	$54,205	$74,395
1,871.53	$19,033	25%	812.13	$56,646	$75,680
1,439.95	$14,932	20%	909.87	$59,160	$74,092
923.78	$9,672	14%	1,013.36	$61,749	$71,421
874.00	$8,967	12%	1,070.57	$64,416	$73,383
708.06	$7,293	10%	1,128.60	$67,163	$74,456
0.00	$0	0%	1,591.83	$69,993	$69,993
0.00	$0	0%	1,642.02	$59,753	$59,573
171.18	$1,816	2%	1,642.02	$72,955	$74,771
343.75	$3,695	4%	1,642.02	$85,943	$89,638
528.10	$5,619	6%	1,642.02	$89,851	$95,470
708.59	$7,596	7%	1,642.02	$97,618	$105,214
0.00	$0	0%	1,872.50	$101,377	$101,377
665.84	$7,338	7%	1,781.18	$105,250	$112,587
2,079.71	$22,336	17%	1,595.42	$109,238	$131,574
2,647.12	$28,377	20%	1,541.20	$113,370	$141,748
2,420.94	$26,437	18%	1,604.29	$117,626	$144,063
103.37	$1,154	1%	2,084.22	$122,010	$123,164
1,735.51	$19,212	13%	1,852.50	$126,526	$145,738
2,873.33	$31,635	19%	1,719.33	$131,202	$162,837
2,186.25	$24,158	15%	1,856.40	$136,018	$160,176
2,581.45	$28,680	17%	1,829.24	$140,979	$169,659
2,584.10	$28,193	16%	1,870.54	$146,089	$174,282
3,864.01	$41,925	22%	1,738.80	$151,380	$193,304
4,122.35	$43,202	22%	1,736.56	$156,828	$200,031

■ 手動輸入不理會的賣出訊號
■ 受下單調整影響的同一格美元金額
__ 核心標普小型股 ETF 股票分割，一分為 3

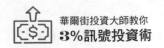
附錄2

工具

　　為了幫助你實行3％訊號投資術，我在我的網站提供工具，不僅計算每一季該做的事，也建立起實行的歷史紀錄。

　　如果你想取得表單，並看看還提供什麼工具，請造訪網頁jasonkelly.com/3sig。

附錄3

權利與許可

　　如果你對於運用本書內容（包括3％訊號投資術及其名稱）的智慧財產權有疑問，例如：如何申請使用於投資產品或應用程式，或者其他計畫，請你寫下需求與意見，在jasonkelly.com的聯絡頁面寄給我。

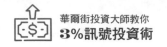

附錄4

《凱利投資快訊》

　　如果你想掌握3％訊號投資術的最新動態，可以考慮訂閱我的電子報《凱利投資快訊》，每週日早晨它會以電子郵件寄送。

　　當你開始在帳戶中運用3％訊號術，不必再讀遍股市消息和資訊時，你可能會想看著零效度意見出差錯，以及3％訊號術輕輕鬆鬆就打敗它們，證明你正走在正確的道路上，並提升信心。同時，比起自己一個人走，看著我做每季的算數，當債券餘額太大時重新部署，密切注意是否要啟動「跌30％不出場」規則，可能會讓你感到放心。

　　我將投資快訊中的投資組合維持3個層級：第1層是3％訊號的基本款；第2層是高成長、目標更高的槓桿操作版本；第3層是公開市場版本，選定高股息、高收益率的波動工具，與基本情況進行正面交鋒的肉搏戰。目前還沒有任何事物，跟3％訊號投資術的基本款具有相同吸引力。

　　期待能在名單上看到你！想收到我每週日的電子報，請造訪網頁jasonkelly.com並訂閱。

NOTE

國家圖書館出版品預行編目(CIP)資料

如何從股債賺一億？：每年只要 60 分鐘檢視，就能輕鬆獲利的懶人投資法！
／傑森・凱利（Jason Kelly）著；周詩婷譯.
--初版.--新北市：大樂文化，2021.03
　面；　公分 . --（Money；030）

譯自：The 3％ Signal: The Investing Technique That Will Change Your Life
ISBN 978-986-5564-15-5（平裝）
1. 證券投資　2. 投資技術　3. 投資分析
563.53　　　　　　　　　　　　　　　　　　　　110000530

Money 030

如何從股債賺一億？

每年只要 60 分鐘檢視，就能輕鬆獲利的懶人投資法！

作　　者／傑森・凱利（Jason Kelly）
譯　　者／周詩婷
封面設計／蕭壽佳
內頁排版／思　思
主　　編／皮海屏
發行專員／王妤菱、鄭羽希
會計經理／陳碧蘭
發行經理／高世權、呂和儒
總編輯、總經理／蔡連壽
出 版 者／大樂文化有限公司（優渥誌）
　　　　　　地址：220 新北市板橋區文化路一段 268 號 18 樓之 1
　　　　　　電話：（02）2258-3656
　　　　　　傳真：（02）2258-3660
　　　　　　詢問購書相關資訊請洽：2258-3656
　　　　　　郵政劃撥帳號／50211045　戶名／大樂文化有限公司

香港發行／豐達出版發行有限公司
地址：香港柴灣永泰道 70 號柴灣工業城 2 期 1805 室
電話：852-2172 6513　傳真：852-2172 4355

法律顧問／第一國際法律事務所余淑杏律師
印　　刷／韋懋實業有限公司

出版日期／2021 年 3 月 9 日
定　　價／300 元　　　（缺頁或損毀的書，請寄回更換）
I S B N 978-986-5564-15-5